Gerrit Hoekman

Pogo, Punk & Politik

linker alltag

Bibliographische Information der Deutschen Bibliothek
Die Deutsche Bibliothek verzeichnet diese Publikation
in der Deutschen Nationalbibliografie; detaillierte
bibliographische Daten sind im Internet über
http://dnb.ddb.de abrufbar.

Gerrit Hoekman
Pogo, Punk und Politiik

unrast transparent
linker alltag
Band 2

1. Auflage, Oktober 2011
ISBN 987-3-89771-111-2

© UNRAST-Verlag, Münster
Postfach 8020, 48043 Münster – Tel. (0251) 66 62 93
info@unrast-verlag.de – www.unrast-verlag.de
Mitglied in der assoziation Linker Verlage (aLiVe)
Umschlag: Unrast Verlag
Satz: Unrast Verlag
Druck: Interpress

Inhalt

Never Trust a Hippie
Punk und Politik

Als sich Punkrock in der Mitte der siebziger Jahre zur Subkultur entwickelte, spielte Politik zunächst nur eine untergeordnete Rolle. Punk ist zuallererst ein Lebensgefühl und erst in zweiter Linie eine politische Aussage. Es gibt kein gemeinsames, politisches Programm schon gar keine feste Ideologie. Punk ist immer ein bisschen mehr dagegen als dafür. Gegen das Establishment, gegen die bürgerliche Scheinheiligkeit, gegen das Spießertum, gegen jede Form von Organisation und gegen die allmächtige Musikindustrie. Die meisten Punks fühlen links und bezeichnen sich als Anarchisten, auch wenn längst nicht alle den Begriff mit Inhalt füllen können. Besonders in der Frühzeit hatte kaum jemand von anarchistischen Theoretikern wie Proudhon oder Bakunin gehört, geschweige denn ihre Schriften gelesen. Anarchie bedeutete zu Beginn des Punks oft: Gegen alles und für nichts. »Ich weiß nicht, was ich will, aber ich weiß, wie ich es bekomme«, brachten es die **Sex Pistols** auf den Punkt, die wie keine andere Punk-Band der Siebziger, diesen bis auf die Grundmauern entkernten Anarchismus verkörperten: Rüde, ungehobelt, zornig auf die Generation der Eltern und voller Abscheu für die Gesellschaft. »Punk war eine totale kulturelle Revolte. Es war eine Hardcore-Konfrontation mit der schwarzen Seite der Geschichte und Kultur, rechter Symbolik, sexuellen Tabus.« (Jon Savage, *England's Dreaming: The Sex Pistols and Punk Rock*, London 1991, S. 440)

Punkrock rebelliert gegen kein bestimmtes Gesellschaftssystem, sondern gegen die verlogenen, bürgerlichen Werte wie Ordnung und Gehorsam, ein Leben für die Arbeit und Konsum als oberstes Lebensziel. Punks lehnen jede Autorität ab, gleich ob die der Eltern, der Lehrer, der

Kirche oder der Polizei, weil Autorität in ihren Augen zwangsläufig zu Missbrauch führt und korrupt macht. Die totale Ablehnung der herrschenden Normen zeigten sie durch ihre heruntergekommene Kleidung, ihre bizarren Frisuren, ihr oft ungehobeltes Auftreten in der Öffentlichkeit und ihre rüde Sprache. »Punkrock ist dafür bestimmt, unsere Freiheit zu sein, wir sind dafür bestimmt, tun und lassen zu können, was wir wollen«, fand Joe Strummer, Sänger von **The Clash**. (Kosmo Vinyl, *The Last Testament: The Making of London Calling*, DVD o.J.)

Zwischen Ost und West gab es übrigens keinen großen Unterschied; Punks im real existierenden Sozialismus begehrten im Prinzip gegen dasselbe auf wie im kapitalistischen Westen. Mit hübschen blauen Uniformen und Fähnchen schwenkend in Reih und Glied artig an den großen Tieren im Politbüro vorbeizumarschieren, war für Punks genauso wenig erstrebenswert wie eine Karriere in Schlips und Kragen in der Jungen Union oder eine Laufbahn bei der Deutschen Bundesbahn. Wenn das Herz der meisten Punks auch zumindest diffus links schlug, den Staatssozialismus sowjetischer Prägung lehnte die Bewegung ab. Das Thema Fremdbestimmung und der Wunsch, so leben zu können, wie man will, tun und lassen zu können, was man möchte, war sehr wichtig für Punks. Das im durchorganisierten Sozialismus zu verwirklichen, war fast noch schwieriger als im kapitalistischen Westen. Die Staatsorgane im Osten schätzten die neue Subkultur mit ihren unkonventionellen Ansichten als potentiell gefährlich ein für die sozialistischen Werte und gingen teilweise massiver gegen die Szene vor als der Klassenfeind auf der anderen Seite des Eisernen Vorhangs.

Welches andere Modell an die Stelle der degenerierten, bürgerlichen Gesellschaft treten könnte, darüber machten sich Punks erst mal keine Gedanken. Warum auch? Es gab sowieso keine Zukunft. ›No Future‹ war ein verbreiteter Spruch jener Zeit. Kritik an den Verhältnissen musste deutlich, radikal und aggressiv sein, auch abstoßend, aber nicht unbedingt konstruktiv. Die neue Bewegung lebte im Augenblick, politischer Idealismus war ihr fremd. Wen interessierte schon das Morgen? So viel ist sicher: Bausparvertrag und Fünfjahresplan hat der Punkrock nicht erfunden. Oder mit den Worten der **Ramones**, ausgewiesene Verfechter des Easy-Come-and-Easy-Go: »Der einzige Grund zu leben, ist für das Heute.« Wenn schon alles den Bach runtergeht, dann wenigstens solange noch Spaß haben. »Punk war aggressiv. Punk war nihilistisch. Aber Punk war nie, selbst in seinen düstersten Facetten, so depressiv wie eine durchschnittliche Veganer-WG, so demonstrativ des Lebens überdrüssig wie Grunge, der alternative Elendsrock der Neunzigerjahre.« (Klaus Farin, *Protest und Provokation, Jugendkulturen in Deutschland*, Bundesinstitut für politische Bildung 2010)

Punks forderten das Recht auf Faulheit: *I'm a Lazy Sod,* sangen die **Sex Pistols**. Ich bin eine faule Sau. Wenn Punks ganz zu Beginn auf die Straße gingen, dann eher, weil irgendeine Behörde ihren Lieblingsmusikklub dicht machen wollte, als um den Hunger in Afrika zu bekämpfen oder die Atomkraft. Die tiefsitzende Abneigung gegen jede Art von Strukturen macht organisierten Widerstand schwer. In den ersten Jahren konzentrierte sich die Subkultur auf den eigenen, unmittelbaren Kosmos: das eigene Stadtviertel, der eigene Vorort, vielleicht noch die eigene Stadt. Wer sich übermäßig mit Politik beschäftigte, galt schnell als ›Hippie‹, bis heute ein Schimpfwort in der Szene. Punks machten sich über das Love and Peace der Flower-Power-Bewegung lustig: *Never Trust a Hippie*, höhnten die **Sex Pistols**. Vertraue niemals einem Blumenkind. »Wenn du dich mit Hippies unterhieltst, ging es nach fünf Minuten garantiert um Atomkraft, und nach zehn Minuten hattest du so ein düsteres Weltbild, dass du dich am liebsten umbringen wolltest«, sagt Moritz Reichelt, Sänger bei **Der Plan**. »Wenn ich eine Kuh sehe, könnte ich kotzen«, machten **The Clash** ihrer Abneigung gegen Landkommunen Luft. (Klaus Farin, *Protest und Provokation, Jugendkulturen in Deutschland*, Bundesinstitut für politische Bildung 2010) Positive Vibrationen, die in höhere Sphären führen, sind dem Punkrock suspekt. »Wollt ihr ein paar fröhliche Lieder hören? Entschuldigung, aber wir spielen keine fröhlichen Lieder«, so Mike Ness, Sänger der kalifornischen Punkband **Social Distortion**.

Umweltzerstörung, der drohende Atomkrieg und die sich breit machende Massenarbeitslosigkeit raubten vielen Jugendlichen die Illusion von einer gesicherten Zukunft, die ihre Eltern noch hatten. Besonders in Großbritannien war die soziale Realität niederschmetternd. Viele Jugendliche hingen rum ohne Perspektive. »So I living in this movie, but it doesn't move me«, so die **Buzzcocks** in *Boredom* (Langeweile). Diese Hoffnungslosigkeit war der Nährboden für eine neue Rebellion, gesellschaftlich, aber auch musikalisch. Bands wie Sweet, Slade oder T.Rex, die auf hohen Plateauschuhen und in lächerlichen Glitzerklamotten, die Charts stürmten, peppten nicht mehr. Fleischgewordene Geldmaschinen. Der einst rebellische und bissige Rock 'n' Roll war zum fettgefressenen Schoßhündchen der Musikindustrie verkommen. Die Bühnenshows von Gruppen wie Led Zeppelin und Pink Floyd wurden immer gigantischer, der Sound immer perfekter und der Abstand zum Publikum immer größer. Musik zum Abhängen, nicht zum Aufstehen und Losgehen. Die Rockgiganten bauten bombastische Bühnen, aber keine Barrikaden.

Punkrock stellte den Schalter zurück auf Null, und startete die Verstärker noch mal ganz von vorne. Mit einfachen Mitteln, lauter und aggressiver als je zuvor. »Das Jahr, als die Punkrock-Revolution nach Großbritannien kam, war sowohl eine musikalische als auch kulturelle Stunde Null.« (Simon Reynolds, *Rip It Up and Start Again: Post Punk 1978–1984,* London 2006, S. 4)

Hey! Ho! Let's Go!
Die Wiege des Punkrock

Die Wiege des Punkrock stand in New York: das CBGB's, der legendäre Musikclub auf der Bowery in Manhattan, der 1973 seine Pforten öffnete. Die Abkürzung steht für »Country, Bluegrass and Blues«, der Zusatz OMFUG für »Other Music for Uplifting Gormandizers« (und andere Musik für aufstrebende Gourmands, also Vielfraße). In den ersten Monaten war der Name noch musikalisches Programm, es traten vor allem Countrysänger auf, doch schnell gaben schrägere Bands den Ton an. Der Klub wurde zum Zentrum einer Szene, die später den Namen Protopunk erhielt, weil sie einige wichtige Zutaten lieferte für die spätere Punkbewegung. Künstler wie die düstere **Pattie Smith** traten in dem nur 350 Zuschauer fassenden Club auf oder **The Stooges** aus Detroit mit Frontmann **Iggy Pop**, der durch seine abstoßende Bühnenshow von sich Reden machte. Vor allem aber die **New York Dolls** mit der späteren Punkikone **Johnny Thunders** (gestorben 1991 an seiner Heroinsucht). Manager der Band war Malcolm McLaren, der nach seiner Rückkehr nach Großbritannien die Geschäfte der **Sex Pistols** lenkte und großen Anteil hatte, dass die Punkwelle über den großen Teich nach Europa schwappte, wo sie erst zur echten Subkultur und Jugendbewegung wurde. Die erste Protopunkband der Welt stammt jedoch vermutlich nicht aus den USA sondern aus Lima, Peru: Die Garagerockband **Los Saicos**, die schon 1964 in ihrer Heimat *Demolicion* (Zerstörung) herausbrachte. Unter Protopunk firmiert nämlich auch der gesamte Garagerock der Sechziger, der deshalb auch »60's Punk« genannt wird.

Im CBGB's durften Bands spielen, die woanders nicht gebucht wurden. Einzige Bedingung: Nur eigene Stücke, keine

Cover. Besonders die Konzerte, die damals unter »Streetmusic« liefen, waren bald ein absoluter Insider-Tipp. Das Wort Punkrock war noch nicht erfunden. Maler, Schriftsteller, Filmemacher und Fotografen – wer Rang und Namen hatte im New Yorker Kunst-Underground ließ sich in Manhattan blicken. Ebenfalls viele der Gruppen, die im CBGB's spielten, verstanden ihre Auftritte als Kunstwerk, als Performance. Manche waren neben ihrer Bandkarriere auch in anderen Sparten aktiv. Lux Interior, Sänger der 1976 gegründeten **Cramps**, war so einer und wurde auch als Videokünstler bekannt: »Gauguin sagte, es gibt zwei Arten von Künstlern: Revolutionäre und Plagiatoren. Wir sind Revolutionäre.« (The Guardian, 6.2.2009) Ihr Bühnenoutfit war legendär. Interior in Lack und Leder und gerne auf High Heels, immer ein wenig obszön, seine Frau und Gitarristin Poison Ivy (Rorschach) mit Bikini, Stiefeln und Netzstrümpfen – zusammen sahen sie aus, als wären sie einem Sex-B-Movie entsprungen. Malcolm McLaren, der bereits erwähnte Manager der **New York Dolls**, versuchte das Konzept »Musik und Kunst« später auch auf die **Sex Pistols** anzuwenden.

Im August 1974 traten im CBGB's vier Jungs auf, die sich **Ramones** nannten, nach einem Pseudonym das Paul McCartney auf einer frühen Tour der Beatles benutzte. Sie taten nach außen so als seien sie eine Familie und nannten sich mit Nachnamen Ramone. Noch heute trifft man zuweilen Leute, die glauben, es handele sich wirklich um Brüder. Verwandt waren sie nicht, die Gründungsmitglieder kamen nur alle aus dem New Yorker Vorort Queens, genauer gesagt aus Forest Hills, einer gutbürgerlichen Gegend der amerikanischen Mittelklasse. Sänger Joey Ramone stammte aus einer einigermaßen wohlhabenden jüdischen Familie, sein Vater war Spediteur in Manhattan, die Mutter besaß eine Kunstgalerie. Mit dem Vater, der von ihnen getrennt lebte, gab es häufig Streit, meistens ums Aussehen und die Länge der Haare. Das miese

Verhältnis zum Vater ist ein Phänomen, das sich durch viele Punkbiographen wie ein roter Faden zieht, zumindest bei den Männern. »Queens ist ein sehr konservativer, konventioneller Ort. Ich denke, wir waren die schwarzen Schafe in unserer Straße«, sagte Joey. (Everett True, *Hey! Ho! Let's Go. The Story of the Ramones*, Leipzig/London 2005, S. 9) Joey hing als Teenager mit Freunden ab, sie kifften, schnüffelten Leim und schluckten LSD. Ein Drogenkonsum, den der puritanische Teil der britischen Punkkultur später ablehnte. Marihuana war für Hippies, vernünftige Punks tranken Alkohol. Einige Zeit verbrachte Joey Ramone in der Psychiatrie, ein Thema, von dem auch Lieder der Band handeln.

Der Auftritt der **Ramones** im CBGB's war in jeder Hinsicht bemerkenswert. Sie trugen schwarze Lederjacken, dunkele Sonnenbrillen, zerschlissene Jeans, lange Haare mit einem Pony, der beinahe die Augen bedeckte, Gitarren und Bass hatten sie fast auf den Knien hängen – sehr ungewohnt für damals. Sie spielten schnellen, sehr schnellen Rock 'n' Roll, kein Lied dauerte länger als zweieinhalb Minuten, die meisten waren unter zwei Minuten. Bassist Dee Dee Ramone brüllte vor jedem Song »One, two, three, four«, sonst waren die Ramones bei ihren Ansagen eher mundfaul. Während gigantomanische Bands wie Pink Floyd mit ihren endlosen Soli auf der Bühne mehr mit sich selbst und ihren Instrumenten beschäftigt waren als mit den Fans, spielten die Ramones immer mit dem Gesicht zum Publikum, hart am Bühnenrand. Die Show war im Vergleich zum üblichen stark reduziert. »Diese Jungs waren keine Hippies, sie waren etwas total neues«, fand Legs McNeill, Mitbegründer des »Punk«-Magazins. »1973 wusste ich, dass was gebraucht wurde, war etwas Pures, Nacktes, kein Bullshit-Rock 'n' Roll«, erinnert sich Tommy Ramone. »Wir waren beeinflusst von Comics, Trickfilmen, der Andy-Warhol-Szene und Avantgarde-Filmen. Ich war ein großer Fan des Magazins

›Mad‹.« (Stephen Colgrave & Chris Sullivan, *Punk. The Definite Record of a Revolution*, Durrington 2005 S. 67)

Die Texte bestanden aus einfachen Reimen und erzählten vom Leben in Queens, vom Stress mit den Eltern, von der Liebe, vom Leim schnüffeln (»Now I wanna sniff some glue«). Sie beschrieben mit simplen, ja fast naiven Mitteln die soziale Wirklichkeit, wie sie sich ihnen in der unmittelbaren Umgebung darbot. Zum Beispiel in dem Song *We Are a Happy Family*: »Die Mutter schluckt Pillen, der Vater liebt heimlich Männer, aber die Fassade einer glücklichen Familie muss unbedingt aufrecht erhalten werden.« Die **Ramones** waren keine politische Punkband, aber sie verkörperten als erste das Lebensgefühl der gerade entstehenden Subkultur. Johnny Ramone war sogar bekennender Stammwähler der konservativen Republikaner. Als er seinem Bandkollegen Joey die Freundin ausspannte, soll dieser ihn wegen seiner politischen Ansichten mit dem Klu Klux Klan verglichen haben und schrieb den Song *The KKK Took my Baby Away*.

Dee Dee Ramone, der als Kind eines US-Marines einige Jahr in der BRD lebte, sorgte hin und wieder für eine politische Note. Sein Faible für deutsche Kultur zeigte sich bereits in ihrer Debüt-Single *Blitzkrieg Bob*. Eine kleine verbale Provokation, die allerdings nichts mit Politik zu tun hatte, in dem Lied geht darum Spaß zu haben. Zusammen mit Joey schrieb Dee Dee Ramone 1985 *Bonzo Goes to Bitburg*, mit dem die Band gegen den gemeinsamen Besuch des deutschen Kanzlers Helmut Kohl und des damaligen US-Präsidenten und ehemaligem Schauspielers Ronald Reagan auf einem Militärfriedhof in Bitburg protestierte, auf dem auch Angehörige der Waffen-SS begraben waren. Reagan legte dort einen Kranz nieder. Kurz vor seiner deshalb umstrittenen Reise nach Deutschland sagte er, dass die Soldaten »Opfer waren, sicher genauso wie die Opfer in den Konzentrationslagern.«

Bonzo war der Name des Schimpansen, der mit Reagan in der Komödie »Bedtime for Bonzo« auf der Leinwand zu sehen war. »Wir hatten Reagan im Fernsehen beobachtet, wie er den SS-Friedhof besuchte und waren angewidert. Wir sind alle gute Amerikaner, aber Reagans Ding war wie Vergeben und Vergessen. Wie kann man sechs Millionen Leute vergessen, die vergast und geröstet wurden?«, fragte Joey Ramone, der ja aus einer jüdischen Familie stammte. (Legs McNeil & John Holmstrom, *We are a happy family*, 1986, S. 78)

Bemerkenswert an der Aussage ist aber auch, dass die Ramones immer gute Amerikaner sein wollten und sich mit Kritik an den gesellschaftlichen Verhältnissen meistens zurückhielten. Die Single war in den USA übrigens nur als Import zu bekommen, wurde aber dennoch ein Hit im amerikanischen Studentenradio. Ein erster Versuch der Ramones politisch zu sein, ging gleich ein wenig nach hinten los. In *Today your love, tommorrow your world* singen sie über einen Hitler-Jungen: »Ich bin ein Nazi, Baby, ich bin ein Nazi, ja das bin ich. Ich bin ein Nazi, Schatzi, weißt du, ich kämpfe fürs Vaterland. Kleiner deutscher Junge, wurdest rumgeschuppst, kleiner deutscher Junge in einer deutschen Stadt. Heute deine Liebe, morgen die Welt.« Die Schlusszeile ist eine Anspielung auf das Nazi-Lied *Heute gehört uns Deutschland und morgen die ganze Welt*. Der Song brachte die Ramones zeitweise in den Verdacht heimliche Nazis zu sein. Auf dem Album ist das Lied dann auch mit einer unverdächtigen ersten Zeile zu hören.

Die frühen Punkbands aus den USA stammten meist aus der Mittelklasse, großen politischen und gesellschaftlichen Einfluss hatten sie nicht. Das änderte sich als die neue Musik um 1976 nach Großbritannien schwappte. Hier traf sie auf Jugendliche, die oft in weniger gutsituierten Verhältnissen lebten. Punk eroberte die Arbeitersiedlungen, die runtergekommenen Trabantenstädte. Erst in England wurde Punkrock von einer neuen Musikrichtung, zur Jugendbewegung, zur Subkultur.

Belsen Was a Gas
Punk und Provokation

Auch wenn einige Punkpuritaner jetzt vielleicht protestieren: die **Sex Pistols** waren auf ihre Art eine extrem politische Punkband und als solche nimmt sie die britische Öffentlichkeit bis heute wahr. Als im August 2011 in Londoner Vororten und einigen anderen englischen Städten Jugendliche Geschäfte plünderten und in Brand steckten, kramten Presse, Funk und Fernsehen wieder Zitate der **Sex Pistols** aus den Archiven hervor. Anarchie im United Kingdom. «No future in England's dreaming?», fragte besorgt eine große Zeitung und zitierte damit eine Zeile aus *God save the Queen*. Für viele Briten sind die **Sex Pistols** bis heute der Inbegriff eines zügellosen Anarchismus, der kein Maß und keine moralischen Grenzen kennt. »Die Reichen sollen sehen, dass wir alles tun können, was wir wollen. Alles!«, sagte eine vermummte junge Frau im britischen Fernsehen während der Unruhen im August 2011. Gut möglich, dass sie nie etwas von den Sex Pistols gehört hat, aber ihre Aussage trifft genau das, was Johnny Rotten, Sid Vicious, Steve Jones und Paul Cook auf der Bühne und auch außerhalb verbreiten wollten: Angst und Schrecken. Und wenn dabei auch noch ein Plasmafernseher, coole Klamotten oder eine Palette Bier rausspringen, umso besser. Oder wie im Falle der Sex Pistols ein paar Millionen Pfund Sterling.

Viele nehmen der Band ihren kurzen kommerziellen Erfolg übel und sprechen ihnen deshalb alle Verdienste um den Punkrock ab. Die **Sex Pistols** seien nichts anderes als eine clever zusammengestellte Boygroup gewesen, die nur ein Ziel hatte – möglichst viel Geld zu verdienen. Als sie sich mit den großen Plattenfirmen EMI und Virgin Records einließen, hatten sie für viele die Do-it-yourself-Ethik (DIY) verraten, die eine Säule der Punk-Subkultur ist. Gebe deine Platten im eignen Label heraus, mache deine eigenen Zeitungen, organisiere deine Tourneen selbst, verliere niemals den Kontakt zum Publikum und verdiene nur so viel, dass du damit – wenn überhaupt – gerade über die Runden kommst. Keine Jugendkultur zuvor hat so viele eigene Zeitungen und Labels hervorgebracht. »Nun sitz nicht da rum und glotz blöd, sondern mach auch was, fanzines, clubs, shops, bands! kauf keine zeitungen, die über 5.000 stück auflage haben, keine platten von superstars wie stones, rollers, beatles, genesis etc. steckt den reichen wixern nicht noch mehr geld in den arsch! kauft keine klamotten über 20 mark, am besten überhaupt keine! (bei euch gibt's bestimmt auch eine altkleidersammlung, da gibt's bestimmt was gutes!) gestaltet eure klamotten selbst! habt eigene ideen! macht was IHR wollt, lasst euch nicht herumkommandieren!! SAGT eure meinung. glaubt nicht, was die clash, chelsea, charley's girls, saints und die anderen können, das könnt ihr nicht. macht bands. schickt tapes an kleine labels! gebt free concerts! DON'T BE THE PROBLEM – BE THE SOLUTION!" (Paul Ott & Hollow Skai (Hg.), *Wir waren Helden für einen Tag. Aus deutschsprachigen Punk-Fanzines 1977-1981*. Reinbek 1983)

Es gab politisch radikale Bands für die dieses Credo fast eine Religion war, und es gab Bands wie die **Sex Pistols**, die solche Regeln einfach nur als Bullshit betrachteten. Vergessen wird oft, dass die Band eher die Medien und die Plattenindustrie am Nasenring durch die Manege führte als umgekehrt: »Sie kassierten von ihren wechselnden Plattenfirmen mehr Geld dafür, dass sie auf vertraglich vereinbarte Veröffentlichungen verzichteten, als für verkaufte Platten.« (Klaus Farin, *Auftritt Sex Pistols,* in: *Jugendkulturen in Deutschland*, Bundeszentrale für politische Bildung) Der Riese EMI kündigte den Vertrag mit den Pistols schnell, als er merkte, wen er sich da angelacht hatte. Das war selbst den profitgierigen Plattenbossen eine Nummer zu krass.

Große Teile der frühen Punkbewegung wollten keine neue Gesellschaft aufbauen, sie hatten keine Visionen für eine bessere Zukunft, keine Ideologie und sie wollten auch keine neue Moral vorleben, sie wollten vor allen Dingen schreien, zertrümmern und weg. Wie die **Sex Pistols**, deren Anarchismus nihilistisch war. Vier zornige junge Männer aus prekären Verhältnissen wollten ihre Wut rausbrüllen und nebenbei alles mitnehmen, was sie kriegen konnten. Punk als Musik mochte aus den USA kommen, aber erst in Großbritannien wurde er zu einer Protestbewegung und Subkultur mit eigenem Lebensstil. In England wurde Punk zum auch sprachlich rüden *Sound of the Suburbs*, wie **The Members** sangen. Verglichen mit den **Sex Pistols** wirkten **The Ramones** wie nette Beach Boys mit langen Haaren. Der amerikanische Punk hatte eigentlich nur spielen wollen, der britische wollte beißen.

Der Grund lag in der sozialen Herkunft. Waren die **Ramones** wohlbehütete Mittelklassekinder, stammten viele britische Punks aus ärmeren und oft auch zerrütteten Verhältnissen. Alkoholismus und Gewalt, gehörten in vielen Familien zum Alltag. Johnny Rotten alias John Lydon zum Beispiel stammte aus einer Arbeiterfamilie, die in den Fünfzigern aus Irland eingewandert war. Sein Vater war Kranführer. Sein Zuhause sei eine »viktorianisches Slumbehausung« gewesen, schreibt Lydon in seiner Biographie. Den Spitznamen hatte er angeblich wegen des Zustands seiner Zähne. Eine Zeitlang lebte Lydon wohl in besetzten Häusern, um aus den beengenden Verhältnissen zu fliehen.

Auch Gitarrist Steve Jones kam aus bescheidenem Elternhaus. Der Vater war Amateurboxer und verließ die Familie als Steve zwei war. Die Mutter war Friseurin. Die nächsten zehn Jahre lebte er bei seinen Großeltern, um dann gemeinsam mit seiner Mutter und dem neuen Stiefvater in eine Ein-Raum-Wohnung zu ziehen. »Er war ein echtes

Arschloch. Ich war nur zusätzliches Gepäck«, erzählte Jones. Als Teenager hatte Jones mehrfach Ärger mit der Polizei – er klaute, brach in Häuser an und knackte Autos. Ein Jahr verbrachte er in einer Jugendeinrichtung. Dort sei es besser als zu Hause. Die **Sex Pistols** hätten ihn schließlich vor einer kriminellen Karriere bewahrt. Sid Vicious wuchs bei seiner Mutter auf, der Vater war kurz nach der Geburt weggegangen. Die Mutter zog mit Sid nach Ibiza, wo die sie, so heißt es, als Drogendealerin Geld verdiente.

Ihr cleverer Manager Malcolm McLaren, der 2010 gestorben ist, verhalf den **Sex Pistols** zu einer weltweiten Bühne und damit auch dem Punkrock insgesamt, der nach und nach seinen Weg bis in die entlegensten Winkeln der Erde gefunden hat. Seine Freundin Vivienne Westwood, die heute eine der weltweit bekanntesten Modeschöpferinnen ist, versorgte die Band mit den nötigen Accessoires wie Sicherheitsnadeln und zerfetzte Klamotten aus ihrer Boutique. »Malcolm und Vivienne waren wirklich zwei Gauner: sie hätten alles an jeden Trend verkauft, den sie zu fassen kriegten«, lässt Johnny Rotten alias John Lydon inzwischen kein gutes Haar mehr an den Beiden. (John Robb, *Punk Rock: An Oral History*, Ebury Press 2006, S. 83) Westwood und McLaren betrachteten die Band als ihr persönliches Kunstobjekt und haben unterm Strich wohl am meisten von ihr profitiert.

Dabei ist die Gruppe keineswegs künstlich zusammengestellt worden, sondern sie spielte schon bevor McLaren auftauchte und die vier sehr authentischen, aber im Musikgeschäft grünen Jungs unter Vertrag nahm. Auf deren Bitte – nicht umgekehrt. Vergessen wird auch gerne, dass die Band alle ihre Song selbst geschrieben hat. »Wir machten unseren eigenen Skandal, weil wir einfach wir selbst waren«, findet Lydon heute McLarens Rolle überbewertet. »Das ganze Geschwätz über die französischen Situationisten, die

angeblich mit Punkrock assoziiert sind, ist Schwachsinn.«
(John Lydon, *Rotten: No Irish, No Blacks, No Dogs*, 2008,
S. 3) Schlagzeuger Paul Cook ergänzt: »Situationismus
hatte nichts mit uns zu tun. [Die] waren aufgeregt, weil wir
das echte Leben waren. Ich glaube, wir waren das, wovon
sie träumten.« (ebd., S. 186) Schon immer haben sich
bekanntlich Künstler und Intellektuelle gerne mit dem
einfachen Volk gemein gemacht. »Wenn wir ein Ziel hatten, dann dem Mainstream unsere eigenen Arbeiterklasse-
Ansichten aufzuzwingen, die zu der Zeit in der Popmusik
nicht gehört wurden«, meint John Lydon. (Lisa Verrico,
The Big Interview: Limited Edition, The Times, 13.3.1999)
Die **Sex Pistols** haben sicher keinen großen Einfluss auf die
Arbeiterklasse als solche gehabt, aber sie haben zumindest
einem Teil der Jugendlichen in den heruntergekommenen
Vororten der britischen Großstädte eine Stimme gegeben.
Ihnen einen Strick daraus drehen zu wollen, dass sie eine
Zeitlang ganz gut verdient haben, ist recht kleinkariert,
für eine Subkultur, die sich überwiegend durch Sozialhilfe
vom Staat finanzieren lässt, ohne damit ein ideologisches
Problem zu haben.

Der letzte, etwas überzogene Satz zeigt es schon: wir
sind beim Thema Provokation in Wort und Tat, einem
wesentlichen Stilmittel der frühen Punkbewegung, das
die Sex Pistols beherrschten, wie kaum eine andere Band.
Schon den Namen und erst recht die Texte empfanden viele
Briten als Zumutung. In *Bodies* sangen sie mit drastischen,
deutlichen Worten über Abtreibung, in *Anarchy in the UK*
ätzte Sänger Johnny Rotten, er sei ein Antichrist. »Beweg
deinen Arsch! (...) Ich will die Anarchie in der Stadt sein.
(..) Angepisst sein. Zerstören.« Die größte Aufmerksam-
keit erreichten sie 1977 mit *God save the Queen*, in welchem
sie die britische Königin und ihr »faschistisches Regime«
in einer Art und Weise beschimpften, die Großbritannien
nicht kannte. Das Land war schockiert. Ausgerechnet zum

silbernen Thronjubiläum der Königin. Die Band charterte einen Ausflugsdampfer und gab ein Konzert auf der Themse. Bis die Polizei das Boot enterte und den Saft abdrehte.

Für das britische Bürgertum waren die **Sex Pistols** endgültig pöbelnde Proleten aus der lower class, die fluchten wie Hafenarbeiter in den Docks von London. Die Speerspitze einer Bewegung, die sich immer mehr in den Innenstädten breit machte: »Punks zogen sich nicht unauffällig hinter ihre eigenen (besetzten) vier Wände zurück, sondern trafen sich vorzugsweise in Fußgängerzonen, auf Bahnhofsvorplätzen, auf den Stufen von Rathäusern und an den Ausgängen öffentlicher Verkehrsmittel. Dort, wo sie die ›Normbürger‹ am meisten irritierten und verärgerten.« (Klaus Farin, *Auftritt Sex Pistols,* a.a.O.)

Punkrock schlug in Großbritannien ein wie eine Bombe, und die **Sex Pistols** hatten das Feuer an die Lunte gelegt. Wo immer sie ein Konzert gaben, hielten empörte Bürger Mahnwachen oder versammelten sich zu Demonstrationen. Zeitweise konnten sie nur noch unter Pseudonym auftreten. Im Fernsehen stritten sich Pastoren, Politiker und Psychologen darüber, wie gefährlich Punkrock für die Jugend sei. Und für die Monarchie. Mehrfach wurden Mitglieder der Band auf offener Straße angegriffen. Es war als hätten Johnny Rotten & Co. für kurze Zeit die nordirische IRA als Staatsfeind No. 1 abgelöst. Sogar der britische Geheimdienst MI5 soll sich kurzzeitig für die Band interessiert haben. »Ich kann nicht verstehen, wie uns irgendjemand als politische Band beschreiben konnte. Ich wusste noch nicht mal den Namen der Premierministers«, kokettierte Steve Jones später. (George Gimarc, *Punk Diary: The Ultimate Trainspotter's Guide to Underground Rock, 1970–1982*, 2005, S. 70)

Die neue Subkultur produzierte einen Affront nach dem anderen: Plötzlich wurden T-Shirts mit Hakenkreuzen schick, auch Sid Vicious, der Bassist der **Sex Pistols** trug zuweilen auf der Bühne eins. Er wollte damit jedoch nicht

Sympathie für den Nationalsozialismus zeigen, er wollte provozieren, den Bürgern mit ihrer verlogenen Moral, den Spiegel vorhalten. Dementsprechend begegneten die **Sex Pistols** dem Faschismus mit beißender Ironie und blankem Zynismus. Zum Beispiel *Belsen was a Gas*, ein Wortspiel, das nur auf Englisch funktioniert und wörtlich übersetzt »Belsen war geil« bedeutet. »Belsen war geil, hörte ich neulich«, heißt es im Text, »in den offenen Gräbern, wo die ganzen Juden liegen. Das Leben macht Spaß und ich wünschte, du wärst hier, schrieben sie auf Postkarten an jene, die ihnen lieb waren.« Die Band wollte damit nicht den Holocaust verharmlosen, wie ihnen danach oft unterstellt wurde, sie wollten vielmehr den verlogenen Umgang der bürgerlichen Gesellschaft mit dem millionenfachen Massenmord anklagen. Wir hauen euch das um die Ohren, was ihr eigentlich denkt. Johnny Rotten hat den Song später als nicht besonders gelungen bezeichnet, er wäre besser nicht veröffentlich worden.

Nach der Trennung der Band 1978 nahmen Steve Jones und Paul Cook die neue Version *Belsen Vos a Gassa* mit dem englischen Posträuber Ronny Biggs als Sänger auf, der von Rio de Janeiro aus schon viele Jahre Scotland Yard eine lange Nase drehte. Der Song bekam als Andenken an Anne Frank, die in Bergen Belsen umkam, eine weitere Strophe hinzu: »Dentisten durchsuchten ihre Zähne nach Gold, filzten die Juden nach Banknoten. Wenn sie hatten, was sie wollten: Reih sie auf und knall sie ab.«

So spektakulär wie die **Sex Pistols** aufgetaucht waren, so traten sie auch ab. 1978 kam Johnny Rotten beim letzten Konzert ihrer US-Tournee in San Francisco zur Zugabe auf die Bühne und kündigte dem Publikum an: »Ihr bekommt eine Nummer, genau eine einzige Nummer, weil ich ein fauler Hurensohn bin.« Es war ein Cover des Stooges-Songs *No Fun*. Am Ende lacht er die Zuschauer aus: »Hahaha, habt ihr schon jemals das Gefühl gehabt, beschissen worden zu sein? Gute Nacht.«

Kill the Poor
Punk und Anarchie

Mit dem Punkrock zog auch der Anarchismus ein ins britische Königreich – zumindest theoretisch. *Anarchy in the UK* machte viele Briten zum ersten Mal überhaupt aufmerksam auf diese politische Bewegung, auch wenn die **Sex Pistols** eher das Vorurteil bestätigten, Anarchie bedeute in erster Linie Chaos. Die frühen Punkbands sagten Anarchie und meinten damit die persönliche Freiheit, tun und lassen zu können, was sie wollten. Der Anarchismus war für sie ein Vehikel, die Gesellschaft zu provozieren und zu schocken. Nur wenige Bands wie **Crass** füllten den Begriff schon 1977 mit Inhalt und propagierten Anarchie als eine Form des politischen Widerstands und als eine Utopie Mit **Crass** hörte Punkrock auf, Spaß zu sein, er wurde für viele zu einem radikal linken Bekenntnis. Die Band forderte direkte, gewaltfreie Aktionen gegen das Establishment und gab deutliche Statements gegen Rassismus und für Tier- und Umweltschutz ab. Ihre Gigs waren politische Manifestationen, auf denen sie Filme zeigten oder Gedichte und politische Texte vorlasen. Die Konzerte waren schlecht ausgeleuchtet, weil die Band angeblich nur 40-Watt-Birnen benutzte. Ihre Ansichten sprühten sie als Graffitis in die Innenstädte und spornten ihre Fans an, es ihnen gleichzutun.

Nachdem sich die Arbeiter einer Plattenfirma geweigert hatten, die erste Scheibe von **Crass** *The Feeding of the 5.000* (Die Speisung der 5.000) zu pressen, weil sie blasphemische Passagen enthielt, waren sie mit die ersten, die mit Crass Records ein eigenes Label gründeten. Als Fundamentalisten des DIY, des Do-it-you-self, warfen sie kommerziell erfolgreichen Bands wie den **Sex Pistols** oder **The Clash** vor, Punkrock zu verraten und sich an die Musikindustrie zu verkaufen. In ihrem Song *Asylum*, um den es bei dem Boykott der Arbeiter ging, machen **Crass** die Kirche für alles Elend auf der Welt verantwortlich und bezeichnen Christus als größenwahnsinnigen Narzissten: »Ich kotze auf dich, Jesus! (...) Runter von deinem Kreuz! (...) Christus. Totengräber. Du hobst die Gräber von Auschwitz aus. (...) Meister des Gemetzels.« Der Rest der Beschimpfungen ist nicht jugendfrei.

Ihr politisches Engagement machte sie zu einem Hassobjekt für die rechtsradikale National Front, die mehrfach Konzerte der Band stürmte. **Crass** lebten in einer offenen Kommune am Stadtrand von London. Ihre schwarze Kleidung im Militärstil und das Bandlogo, das sehr entfernt an ein Hakenkreuz erinnert, ließen Gerüchte aufkommen, sie seien rechtslastig. **Crass** erwiderten, dass durch ihr uniformes Aussehen niemand als Chef der Band zu erkennen sein sollte. Überhaupt taten sie alles, um nicht in den Ruf zu kommen, sich an ihrer Musik zu bereichern: Die Cover ihrer Platten waren ganz im Gegensatz zu vielen anderen Punkbands in schwarz-weiß und damit alles andere als marktschreierisch. Die Band trat auf unzähligen Soli-Konzerten auf, ihren letzten Auftritt hatten **Crass** 1984 – auf einem Benefizkonzert für streikende Bergarbeiter. Den Zeitpunkt der Trennung sollen sie angeblich schon bei der Gründung festgelegt haben.

Um **Crass** herum und in der Folgezeit entstand in Europa und Nordamerika eine Reihe anarchistischer Bands: **Flux of Pink Indians**, **Icons of Filth**, **Lost Cherrees**, **The Subhumans**, **Stalag 17**, **Toxic Waste**, **Napalm Death**, **The Ex** aus den Niederlanden, **Final Conflict** aus den USA, **Verdun** oder **Heimatlos** aus Frankreich, **Dog Faced Hermans** oder **Exitstance**. Die **Poison Girls** machten unter dem Einfluss ihrer Sängerin und Gitarristin Vi Subversa sexuelle Unterdrückung und das Patriarchat zum Thema. Die Londoner

Gruppe **Conflict**, die sich selbst als »unregierbare Kraft« bezeichnet, engagiert sich ebenfalls in der Antikriegs- und Tierrechtsbewegung. Ihr Logo zeigt zwei große A und ein großes N als Synonyme für Anarchie, Autonomie und Nihilismus. **Conflict** propagieren in ihren Texten Vegetarismus (»Meat means murder«) und veröffentlichten im Booklet ihrer ersten EP »To a Nation of Animal Lovers« Adressen von Versuchslabors und Privatpersonen, die Tierversuche unterstützten. Die Radikalität der Band hatte immer wieder Konzertabbrüche, Auftrittsverbote und Hausdurchsuchungen zur Folge. Conflict unterstützten viele Gruppen mit Benefizkonzerten, darunter radikale Tierbefreier, Gegner der Apartheid in Südafrika, Vergewaltigungsopfer, inhaftierte Bergarbeiter und Jagdsaboteure.

Die Band arbeitete mit der anarchistischen Gruppe ›Class War‹ zusammen, die auch eine Zeitung gleichen Namens herausgab. Die Gazette hat das inzwischen weltweit verwendete Zeichen für Anarchie bekannt gemacht, der Kreis mit dem A. Eigentlich war es das Logo der walisischen Band **Soldier Dolls**, die aber Class War erlaubten, es ebenfalls zu benutzen. Die Zeitung propagierte Gewalt als legitimes Mittel im Klassenkampf, weil auch die bürgerliche Herrschaft auf Gewalt basiere. Alles was dazu diene, die herrschende Klasse zu schwächen, sei zu begrüßen, zum Beispiel auch ein Sieg der nordirischen Befreiungsorganisation IRA. Zur Geburt des britischen Kronprinzen William 1984 produzierten **Conflict** und Class War gemeinsam eine Single, die *Another Fucking Royal Parasite* (Noch ein anderer scheiß königlicher Parasit) hieß. Überhaupt die Reichen: Die Zeitung organisierte Demozüge durch wohlhabende Viertel unter der Losung »Bash the rich« (Klopp die Reichen) und mit Transparenten »Seht eure künftigen Scharfrichter«. Die Zusammenarbeit mit Class War zeigt, dass **Conflict** eine der ersten Anarcho-Punkbands waren, die Gewalt nicht grundsätzlich ablehnen, sondern in bestimmten Grenzen akzeptabel finden, zum Beispiel gegen Eigentum.

Anarcho-Punk strebt einen »Anarchismus ohne Adjektive« an. Egal ob sich Bands als Syndikalisten bezeichnen, das heißt sich wie **Exitstance** mehr in der Arbeiterbewegung zu Hause fühlen oder wie **Poison Girls** mehr im Anarcha-Feminismus – Hauptsache anarchistisch. Auch eine Band wie **The Psalters**, die einen christlichen Anarchismus vertritt, hat einen Platz im Anarcho-Punk. Die Straight Edge Bewegung hat ebenfalls ihre eigenen Bands hervorgebracht (vgl. Gabriel Kuhn, *Straight Edge. Geschichte und Politik einer Bewegung*, Münster 2010). Sie lehnt Alkohol, Drogen, Tabak und sexuelle Freizügigkeit ab, weil sie Mittel der Unterdrückung sind, die nur dazu dienen, von den wesentlichen Problemen abzulenken. Außerdem kann auf dem Land, das bislang dazu benutzt wird, diese Rauschmittel herzustellen, besser Nahrung angebaut werden. Ob es überhaupt noch etwas mit Punk zu tun hat, sich solche harten moralischen Regeln auszudenken, darf bezweifelt werden. Immerhin ist Punkrock angetreten, Regeln und Tabus zu brechen und nicht neue aufzustellen. Punk ist eben nicht nur Musik, sondern vor allem eine Art zu leben und dabei möglichst kein Laster auszulassen und sich nicht dem Joch strenger Ideologien zu unterwerfen. In diesem Sinne entkernt Straight Edge Punkrock bis auf die Fassade.

Mitte der Achtziger wurde Anarcho-Punk schneller und musikalisch brutaler, neue Genres entstanden wie Crust und D-Beat (oder Kängpunk), die sich aber nur in der Art der Musik unterschieden nicht in der politischen Einstellung. Bekannte Bands sind **Amebix**, **Antisect**, **Hellbastards**, **The Varukers**, **Tragedy**, **Electro Hippies**, **Doom** oder **Discharge**. Etwas später kam noch Grindcore hinzu, deren bekannter Vertreter **Extrem Noise Terror** sind.

Als die Punkwelle, nunmehr mächtig politisiert, Ende der Siebziger aus Großbritannien nach Nordamerika zurückschwappte, entstand dort das Genre Hardcore, das schneller und kraftvoller war als die Old School. Die kanadische Band **D.O.A.** hat den Begriff mit ihrem Album *Hardcore '81* bekannt gemacht. Der Leitspruch der Anarchisten von D.O.A., die noch heute auftreten, ist »Reden minus Aktion ist gleich null«. Neben den im Anarcho-Punk üblichen Themen zeichnet sich die Band dadurch aus, dass sie Gewalt nicht ablehnt. **Black Flag** mit dem charismatischen Henry Rollins am Mikrofon sind weitere Pioniere des Hardcore. Der Name nimmt Bezug auf die schwarze Fahne der Anarchisten, aber auch auf ein Insektenspray mit gleichem Namen. **Minor Threat** gelten wegen ihres Songs *Straight Edge*, in dem sie vor Alkohol und Drogen warnen, als Namensgeber für die Straight-Edge-Bewegung. Auch **7 Seconds** werden aufgrund ihrer positiven Botschaften als Pioniere dieses puritanischen Punkflügels angesehen, haben aber ein solches Etikett abgelehnt.

Bad Brains sind eine Rarität nicht nur in der amerikanischen Hardcore-Szene, sondern im Punkrock überhaupt: Sie sind erstens eine der wenigen Bands, in denen ausschließlich Musiker mit afrikanischen Wurzeln spielen. Zweitens bezeichnen sie sich als Rastafari und drittens sind sie immer wieder unangenehm durch extrem schwulenfeindliche Interviews aufgefallen. Viel später haben sich **Bad Brains** von früheren Aussagen distanziert und sich dafür entschuldigt: »Ich habe im Laufe der Jahre gelernt, dass wir all Gottes Kinder sind, unabhängig von der Rasse, dem Glauben, der Farbe und Sexualität«, sagt Darryl Jennifer in einem Interview mit *Ultimate Guitar*. (www.ultimate-guitar.com/interviews)

Hüsker Dü, Vatican Commandos, Gang Green, Bad Religion, Agnostic Front, Gorilla Biscuits, Biohazard, Anti-Flag, Reagan Youth, Aus-Rotten und sogar die frühen Beastie Boys – alle diese Bands haben ohne Zweifel ihre Verdienste um politischen Hardcore-Punk aus den USA, aber keine war wohl so bedeutend wie die 1978 in San Francisco gegründeten Dead Kennedys mit ihrem Sänger Jello Biafra. Schon der Bandname war in Amerika eine Provokation ohne gleichen: »Gerade wenn man denkt, die Geschmacklosigkeit hätte nun ihren Tiefpunkt erreicht, kommt ein Punkgruppe daher, die Dead Kennedys heißt und am 15. Jahrestag des Attentats auf John F. Kennedys spielen will«, klagte ein Journalist. (Herb Caen, *San Francisco Chronicle*, 17.11.1978) Mit dem Namen wollte sich die Band allerdings nicht über die toten Kennedys lustig machen, sondern er stand symbolisch für das Ende des sogenannten amerikanischen Traums.

Gleich ihre erste Single sorgte für Aufregung: *California Uber Alles*. Der Song klingt, als werde er von Jerry Brown gesungen, dem damaligen Gouverneur von Kalifornien. Der imaginäre Brown, der Mitglied der Demokraten war, fordert in dem Lied einen Hippie-Faschismus, in der eine Geheimpolizei in Wildleder uncoole Leute mit Giftgas tötet. Jello Biafra tut das Lied inzwischen ein wenig leid, Brown sei am Ende doch nicht so übel gewesen. Später brachten Dead Kennedys eine aktuelle Version heraus mit dem Titel »We've got a bigger problem now!« Wir haben nun ein größeres Problem! Gemeint war US-Präsident Ronald Reagan.

1980 sollten die Dead Kennedys bei der Verleihung eines kalifornischen Musikpreises vor Plattenbossen und allerlei Prominenz auftreten, um der Veranstaltung einen hippen Touch zu geben. Überraschend spielten sie aber nicht wie abgesprochen *California Uber Alles* sondern *Pull my Strings*, einen Song, den sie davor und danach nie wieder live spielten. »Ist mein Schwanz groß genug, ist mein Hirn klein genug, damit du mich zum Star machst?«, sangen sie ironisch für die anwesende Plattenindustrie. Im selben Jahr erschien die zweite Single *Holiday in Cambodia*, die den westlichen Lebensstil mit dem im Kambodscha der Roten Khmer und Pol Pot vergleicht. Um das Lied gab es 1998 einen Rechtsstreit zwischen Jello Biafra und ehemaligen Bandmitgliedern, weil Biafra nicht wollte, dass »Holiday in Cambodia« für einen Werbespot des Jeansherstellers Levi's benutzt wird. Nicht der erste Streit innerhalb der Band ums liebe Geld: Gitarrist East Bay Ray wollte die Band dazu bringen, bei einer großen Plattenfirma zu unterschreiben, doch am Ende setzte sich Biafra durch.

1981 bezogen **Dead Kennedys** mit der Single *Nazi Punks Fuck off* Stellung gegen Rechtsradikale in der Szene. Der Platte lag ein kostenloses Armband bei, das ein durchgestrichenes Hakenkreuz zeigte. Hintergrund: Ende der Siebziger begannen Punks auch an der Westküste Nazi-Symbole zu benutzen, um die Gesellschaft zu schockieren, wie es vorher schon Sid Vicious in England getan hatte. Einige aber fingen an, sich ernsthaft mit rechtsradikalen Ideen zu beschäftigen. Rein äußerlich waren diese Nazi-Punks von den anderen nicht zu unterscheiden, sie trugen Mohawks, Lederjacken, Boots und Nietenarmbänder. Absichtlich oder aus Dummheit bemerkten sie nicht die Ironie und den Sarkasmus, die fast allen Songs der **Dead Kennedys** innewohnen. Sie nahmen Lieder wie *California Uber Alles* oder *Kill the Poor* für bare Münze, und immer mehr Neonazis kamen zu den Konzerten. »Du glaubst immer noch, Hakenkreuze sehen cool aus, die echten Nazis leiten eure Schulen, sie sind Trainer, Geschäftsleute und Bullen, im echten 4. Reich wäret ihr die ersten die gehen müssten«, schnauzte Jello Biafra die ungebetenen Gäste an.

1986 gaben die **Dead Kennedys** ihr letztes Konzert, doch die Bandmitglieder trafen sich noch einige Male vor

Gericht. Immer ging es um die Rechte an den Kennedys-Songs und immer waren lukrative Anfragen aus der Werbeindustrie der Anlass oder das Recht, die Band ohne Jello Biafra wiederzubeleben. Nachdem der Sänger den Prozess verlor, spielten die **Dead Kennedys** in neuer Besetzung ab 2000 noch einige Jahre, konnten aber an den früheren Erfolg nicht mehr anknüpfen. Jello Biafra, der immer noch mit eigenen Bands unterwegs ist, unterstützt heute die amerikanischen Grünen und kandierte für das Bürgermeisteramt in San Francisco. Die Gesellschaft sei nicht bereit für Anarchie und deshalb sei eine Art von Regierung bis dahin notwendig, rechtfertigte Biafra seine Kandidatur.

Angels with Dirty Faces
Oi! und Streetpunk

Vertraten **Crass** in der Frühphase des Punks den politischen, anarchistischen Flügel, waren **The Clash** zumindest inhaltlich ihr sozialistisches Gegenstück. Anders als den meisten Punkbands der ersten Welle fehlte ihnen die No-Future-Attitüde. Sie verstanden sich immer als politische Band und arbeiteten mit der Anti-Nazi-League zusammen. Als **The Clash** 1978 auf dem »Rock gegen Rassismus«-Festival in London spielten, machte Sänger Joe Strummer auf seinem Shirt Werbung für die italienischen Brigate Rosse und die Rote Armee Fraktion. Mit dem Album »Sandinista!« zeigten sie sich solidarisch mit Nicaragua, das gerade den Diktator Somoza aus dem Land gejagt hatte. Viele Punks haben **The Clash** übel genommen, dass sie sehr zügig bei einer großen Plattenfirma unterschrieben, doch es soll sich um einen Knebelvertrag gehandelt haben, der sie zu sechs Alben verpflichtete. Da die Band die Platten zu einem günstigen Preis verkaufen wollte, musste sie die Differenz selbst tragen. So sollen **The Clash** zeitweise sogar Schulden bei ihrem Label gehabt haben, obwohl der Verkauf sehr gut war.

Die 1987 gegründete italienische Ska-Punkband **Banda Bassotti** propagiert in ihren Texten ebenfalls sozialistische Ideen. Der Name bedeutet wörtlich übersetzt »Dackelbande«, gemeint sind die Panzerknacker aus Donald Duck. Von Beginn an waren die Römer in antifaschistischen Initiativen und Gruppen aktiv. Sie verbindet eine Freundschaft mit einigen baskischen Bands. Nachdem sie sich 1996 aufgelöst hatten, kamen sie Anfang des Jahrtausends aufgrund der politischen Weltlage, die Politiker wie George Bush und Silvio Berlusconi an die Macht spülte, wieder zusammen.

Neben dem intellektuellen Anarcho-Punk von **Crass** und **Conflict** entstand Ende der Siebziger in Großbritannien die Oi!-Punk-Bewegung, die sich auf Wurzeln in der Arbeiterklasse stützte. Ursprünglich ging Oi! in eine sozialistische Richtung. Bands wie **Angelic Upstarts** sangen über Arbeiterrechte und Arbeitslosigkeit, über Polizeiwillkür und Unterdrückung durch den Staat. Hinzu kamen noch Fußball und Bier, Gewalt auf der Straße und Sex – alles was Arbeiter so beschäftigt. Ein Ziel war außerdem, Punks und Skinheads im gemeinsamen Kampf gegen die bürgerliche Gesellschaft zu vereinen. Ein anderes, Punkrock wieder zurück an die Basis zu bringen, zu der in ihren Augen kommerziell erfolgreiche Bands wie die **Sex Pistols** und **The Clash** die Verbindung verloren hatten. Erfinder des Worts Oi! sind vermutlich **Cockney Rejects**, die ihre Stücke mit dem Ruf »Oi! Oi! Oi!« anzählten.

Die 1976 gegründeten **Sham 69** waren Vorreiter des Oi!. Die Band hatte eine große Anhängerschaft nicht nur unter Punks, sondern auch unter den Skinheads. Genau das wollen Sham 69: *Angels with Dirty Faces* (Engel mit dreckigen Gesichtern) und *If the Kids are United* sind Punkhymnen der Siebziger. Weil sie schludrig mit dem Copyright an ihren Liedern umgegangen waren, tauchte der Song später in der Werbung eines führenden Fastfood-Konzerns auf, zu einer Zeit als einige Mitglieder bereits Vegetarier waren. 2005 benutzte der britische Premierminister Tony Blair das Lied für seinen Einmarsch auf einen Parteitag der Labour Party. Die Einheit zwischen Punks und Skins stand unter keinem guten Stern, weil sich unter die Skinheads immer mehr Rechte mischten. Konzerte der Band arteten regelmäßig in wüste Schlägereien zwischen Linken und Rechtsradikalen aus. Nachdem 1978 die »White Power Skinheads« bei einem Auftritt die Bühne stürmten, hörten **Sham 69** auf, live zu spielen.

Bis heute haben Oi!-Bands das Problem, von vornherein als rechts zu gelten, selbst wenn sie es offensichtlich nicht sind wie **Oi Polloi** aus Edinburgh, die ihre linke Einstellung immer wieder unter Beweis gestellt haben und sich im Laufe der Zeit zu einer radikalen Anarcho-Punkband entwickelten, die **Crass** und **Conflict** als Vorbilder angibt. Sie unterstützten die militante Anti-Faschistische Aktion (AFA) und Earth First!, eine radikale Umweltschutzgruppe. In ihren Texten beziehen **Oi Polloi** klar Stellung gegen Rassismus, Homophobie und Antisemitismus. Die Band propagiert einen militanten Tierschutz, Vegetarismus und befürwortet Jagdsabotage.

Eng verbunden mit Oi! ist Streetpunk. Seine Anhänger unterscheiden sich vor allem durch das Äußere von denen des Oi!, die Themen sind ähnlich. Es geht um Arbeitslosigkeit, Atomkrieg und den Thatcherismus in Großbritannien. Während sich die Oi!-Szene aber ein Malocher-Outfit mit T-Shirt, Nietenhose und raspelkurzen Haaren verpasste, tragen Streetpunks bunte Haare, Mohawks und Kleidung mit aufgenähten oder gesprühten Parolen. Wie Oi! beruft sich Streetpunk auf Arbeitertraditionen. Wichtige Bands sind **Discharge, Chaos UK, Cock Sparrer, Blitz, The Partisans, Disorder, Anti-Nowhere League, Vice Squad, The Virus, The Casualties, Oxymoron, Rancid, The Destillers** und **The Exploited**. Letztere waren für ihre wütenden Ausbrüche gegen das kapitalistische System berüchtigt und für ihre Fans, von denen in den Achtzigern viele der rechtsradikalen National Front angehörten. Kritiker sagen ihnen nach, guten Kontakt zur Nazi-Band **Skrewdriver** gehabt zu haben, **The Exploited** bestreiten das.

Legal, Illegal, Scheißegal
Polit-Punk aus Deutschland

Bundesrepublik

Wer im Januar 2011 bei Günter Jauchs »Wer wird Millionär?« zuschaute oder zufällig reinzappte, rieb sich verwundert die Augen: Saß da auf dem Stuhl als Kandidat nicht Michael Mayer, in Punkkreisen besser bekannt als Elf, lange Jahre Gitarrist bei Slime, der deutschen Politpunk-Kapelle schlechthin? Am Ende hatte er 16.000 Euro gewonnen, es hätten durchaus noch mehr sein können, wenn er nicht zwei Joker hätte liegen lassen. Es war aber auch so vermutlich eine Summe, für die ein Punkmusiker, auch wenn er Elf heißt und recht bekannt ist, lange schräbbeln muss. Die Reaktionen in der Szene waren überwiegend negativ. »Und was kommt als nächstes? Dicken im Dschungelcamp oder beim Promidinner?«, fragte jemand süffisant in einem Internetforum. Dirk Jora, genannt Dicken, ist der Sänger der Punkband aus Hamburg, die viele für die politisch wichtigste in der Geschichte der Bundesrepublik halten. »Vielleicht sollten sich Slime demnächst von ein paar Waffenhändlern sponsoren lassen«, meinte ein anderer. Hintergrund des Unmuts: Günter Jauch besitzt in Potsdam wohl eine große Anzahl Mietshäuser, aus denen er angeblich soziale Projekte rausgeklagt haben soll.

Da ist sie wieder, die ewige Auseinandersetzung um die Knete: Was darf ein Punk tun, ein radikal linker zumal, um Geld zu verdienen? Verkauft man Punkerherz und Punkerseele, wenn man in einer Quizshow der Privaten leichtverdiente Kohle abgreift? Muss am Ende eines langen Punkerlebens unwiderruflich die Sozialhilfe stehen, um nicht zum »Kommerzschwein« zu werden? Zum Nachdenken: **Slime** haben in den Achtzigern Dutzende Solidaritätskonzerte gegeben, für die sie als Gage nur Karlsquell bis zum Abwinken, eine vegetarische Mahlzeit und einen Schlafplatz auf dem Fußboden bekamen. Reich ist niemand aus der Band geworden. Sänger Dirk hat lange als Taxifahrer in Hamburg gearbeitet, um über die Runden zu kommen. Aber so ist das in der radikalen, deutschen Linken – am allerliebsten kloppt die Szene immer noch auf die eigenen Leute ein.

Slime ist Kritik gewohnt; wer sich weit aus dem Fenster lehnt, darf sich nicht wundern, wenn die Straßenreinigung ihn mit Dreck bespritzt. Eine Zeile wie »Ich glaube eher an die Unschuld einer Hure, als an die Gerechtigkeit der deutschen Justiz« brachte autonome Frauengruppen gegen sie auf. *Yankees raus!* missfiel manchen wegen der angeblich rassistischen Einstellung den USA gegenüber und vermeintlicher Verharmlosung des Holocaust. Erfahrung mit Zensur hat **Slime** ohnehin genug. Drei Jahre nach der Bandgründung beschäftigte sich die Bundesprüfstelle für jugendgefährdende Schriften das erste Mal mit den Hamburgern. Der Sampler *Soundtracks zum Untergang* kommt unter anderem wegen der Slime-Stücke *Polizei, SA, SS* und *Keine Führer* auf den Index. »Der Text beider Lieder ist geeignet, den jugendlichen Zuhörern das Vertrauen in die Rechtsordnung und die Verfassungsmäßigkeit der staatlichen Ordnung der Bundesrepublik Deutschland zu nehmen.« Der Sampler darf seitdem nicht mehr an Jugendliche unter 18 verkauft noch ihnen vorgespielt werden.

1990 traf den nächsten Slime-Song die Zensur: *Deutschland muss sterben*, das schon auf dem ersten Album von 1980 veröffentlicht ist. »Wo Faschisten und Multis das Land regieren, wo Leben und Umwelt keinen interessieren, wo alle Menschen ihr Recht verlieren, da kann eigentlich nur eins passieren: Deutschland muss sterben, damit wir leben können.« Die Band nimmt in dem Text Bezug auf ein Kriegerdenkmal am Hamburger Dammtor von 1936, auf dem geschrieben steht: »Deutschland muss leben, und wenn wir sterben müssen.« Im Jahr 2000 beschäftigte sich das Bundesverfassungsgericht mit der Angelegenheit und gab dem Song seinen Segen: »Bei dem Lied ›Deutschland muss sterben‹ handelt es sich erkennbar um eine plakative, drastische Kritik mit satirischem Einschlag an gesellschaftlichen und politischen Zuständen in Deutschland«, heißt es in dem Urteil.

Im Mai 2011 befasste sich die Bundesprüfstelle mit dem Song *Bullenschweine* und stellte ihn zum ersten Mal überhaupt auf den Index – mehr als 30 Jahre nachdem das Stück auf dem ersten Album erschienen ist! Erstaunlich genug, dass es so lange gedauert hat, denn der Text ist in der Tat der härteste, den Slime jemals geschrieben haben. »Dies ist ein Aufruf zur Revolte, dies ist ein Aufruf zur Gewalt, Bomben bauen, Waffen klauen, den Bullen auf die Fresse hauen. Haut die Bullen platt wie Stullen, stampft die Polizei zu Brei, haut den Pigs die Fresse ein, nur ein totes ist ein gutes Schwein. (…) Wir wollen keine Bullenschweine!« Außerdem gab die Band im Lied noch eine Kurzanleitung zum Bau von Molotow Cocktails (»ein Drittel Heizöl, zwei Drittel Benzin, wie 68 in Westberlin, diese Mischung ist wirkungsvoll, diese Mischung knallt ganz toll«). »Was will man bei diesem Lied eigentlich nicht überpiepsen?«, fragt die Leiterin der Bundesprüfstelle. »Der Text ist ein einziger Aufruf zur Gewalt.«

Das Lied war zwar Anlass für viele Razzien und mehrere Gerichtsverfahren gegen das herausgebende Label. Auch wer den Song öffentlich abspielte, auf einer Demonstration zum Beispiel, konnte Ärger mit dem Gesetz bekommen. Verboten war es indes nie. Bislang hatte sich einfach niemand gefunden, der den Text bei der Bundesprüfstelle angezeigt hätte. Erst dann wird die Zensurbehörde aktiv.

Das hat jetzt das Landeskriminalamt Brandenburg nachgeholt. Auslöser war vermutlich ein Konzert der Band, die seit kurzem wieder auftritt, im SO36 in Kreuzberg ein halbes Jahr zuvor. Im Anschluss lieferten sich Autonome eine Straßenschlacht mit der Polizei und griffen, laut der Berliner Presse, Banken und zwei Autohäuser an. Das Lied habe, so das LKA, »weiterhin eine aufputschende und Gewalt fördernde Wirkung«. Die Staatsanwaltschaft in Cottbus prüft nun, ob der Text den Straftatbestand der Volksverhetzung erfüllt. Schlimmstenfalls könnten das Lied und damit das erste Album *Slime I* komplett verboten werden.

Michael »Elf« Mayer schrieb *Bullenschweine*, als er 16 war. »Texte wie ›Bullenschweine‹ würde ich aber in der Form wie vor 23 Jahren heute nicht mehr schreiben, das ist dann doch zu einfach und zu krass«, sagt Elf heute. »Außerdem kann man mir natürlich mit Recht vorwerfen, dass ich den Inhalt dieses Textes nie in meinem eigenen Leben umgesetzt habe. Dann säße ich neben Christian Klar im Knast und dazu hatte ich dann doch nie ernsthafte Ambitionen.« (http://www.anis-online.de/2/artclub/slime.htm) Und Dirk Jora ergänzt im *Rolling Stone*: »Natürlich war das Volksverhetzung. Trotzdem wird es niemals von uns eine Distanzierung zu dem Song geben. Man muss den Text in seinem zeitlichen Kontext sehen: Ich war in der Anti-AKW-Bewegung und in der Hamburger Hafenstraße unterwegs. (...) Heute sind Polizisten für mich einfach nur schlecht bezahlte Erfüllungsgehilfen für ein System, das ich ablehne.« (Christoph Dorner & Joachim Hentschel, *Slime: Warum wurde »Bullenschweine« erst im Mai 2011 indiziert? Eine Spurensuche*, Rolling Stone, 5.7.2011)

Slime wurden in ihrer ersten Phase von 1979 bis 1984 zum »Sprachrohr des Widerstandes gegen die Polizei in einer von Terrorismus-Hysterie geprägten Zeit und zum Hymnen-Lieferant für die Hausbesetzer-Szene.« (George Lindt: *Zur Geschichte des deutschsprachigen Protestsongs:*

Eine Einführung. In: Bundeszentrale für politische Bildung (Hrsg.): *Protestsongs.de (2CD).* 2009, S. 157) Egal ob Startbahn West, Gorleben oder die besetzten Häuser – **Slime** haben maßgeblich mitgeschrieben am Soundtrack für die sozialen Kämpfe in den Achtzigern in der Bundesrepublik und Maßstäbe gesetzt in Sachen Aggressivität und Direktheit für Politpunk in deutscher Sprache. »Slime prägte die politische Grundhaltung eines großen Teiles der deutschen Punkbewegung«, urteilt Wikipedia. Oft genug kam es nach Konzerten der Band zu Straßenschlachten zwischen Fans und Polizei oder zu spontanen Hausbesetzungen.

Slime waren indes nicht die erste deutsche Punkband, sie waren nur die ersten, die Punkrock durch und durch als radikal linkes libertäres Statement auffassten. Bis dahin bedeutete Punk, erst einmal nur, anders sein zu wollen, sich gegen die bestehenden gesellschaftlichen Ideale aufzulehnen, Autoritäten zu missachten. Die ersten deutschen Punkbands, wie **Razzia** oder **Chaos Z.** beschreiben die Gegenwart düster als Tanz auf dem Vulkan. Punkrock als Abgesang auf die bürgerliche Gesellschaft. No Future. Um den legendären Ratinger Hof in Düsseldorf, das nicht weniger legendäre SO36 in Berlin-Kreuzberg oder die Markthalle in Hamburg begann sich schnell eine Subkultur zu entwickeln, die sich an den britischen Vorbildern orientierte. Protagonisten dieser Frühphase waren Bands wie **Male** (1976 vermutlich die erste deutsche Punkband), **ZK** (aus denen später die **Toten Hosen** wurden), **Tollwut,** **EA80** oder **PVC**. In Hamburg provozierten **Big Balls &** **The Great White Idiot**, ganz im Sinne der **Sex Pistols**, das Publikum indem der Sänger in Nazi-Uniform und mit Hitler-Bärtchen auf die Bühne kam.

Mit dem politischen Angebot hatten die meisten Punks nichts am Hut, auch die langsam entstehende grün-ökologische Bewegung oder sozialistische Gruppen und Parteien weckten mehr Abscheu als Interesse »Mit den Linken wollte ich mich nicht identifizieren. Für mich standen die für: Strickpullover, Jesuslatschen, Teestube und Karl-Marx-Bücher-Lesen. Das war alles so langweilig und geschwätzig«, erinnert sich Harry Rag, Sänger und Gitarrist von **S.Y.P.H.** »Von denen kam nie was Aggressives zurück. Dazu waren die immer zu lasch«, ergänzt Bandkollege Ralf Dörper.(www.bpb.de/themen/V30LCQ,0,Punk_in_ Deutschland.html)

The Buttocks aus Hamburg nahmen 1978 die vermutlich erste linke Punkplatte in der Bundesrepublik auf, es folgten in den Achtzigern **Neurotic Arseholes, NoRMAhl, Canal Terror, Molotow Soda, Die Goldenen Zitronen, Torpedo Moskau, Napalm, Bluttat, Ausbruch, Beton Combo, Hass, Boskops, Dödelhaie** oder **Toxoplasma**. Mit ihnen entwickelte sich auch in der Bundesrepublik allmählich eine Punkkultur, die Anarchismus nicht als Chaos und pure Provokation verstand, sondern als politisches Programm. Fanzines wie *ZAP* oder *Taugenix* entstanden. Wesentlichen Anteil an dieser Entwicklung hatte die Geburt der militanten autonomen Bewegung 1980. Viele Punkbands bewegten sich nun in »libertären Zusammenhängen«. Die Gruppen gaben Solidaritätskonzerte in besetzten Häusern, manche wie die **Vorkriegsjugend** aus Berlin wohnten auch dort. Sie traten in autonomen Zentren auf oder spielten wie **Slime** live auf dem Lautsprecherwagen im Demozug. Der aggressive Punkrock passte gut zur Militanz des Schwarzen Blocks, auch wenn es hier und da mal Reibereien gab, wenn beispielsweise Punkbands ideologisch über die Strenge schlugen oder sich – als Subkultur die jede Autorität ablehnt – das Recht herausnahmen, auch linke Tabus zu brechen. Punk ist sozusagen ein Sprachrohr der radikalen Linken und erreicht mit Text und Musik vermutlich mehr Menschen als es Pamphlete und Demo-Reden schaffen.

Mitte der Achtziger trennte sich der Anarcho-Punk mehr und mehr von der Punksubkultur. Es entstand eine politische Hardcore-Szene, die außer der Musik nicht mehr viel mit den Ursprüngen zu tun hatte. Sie orientierte sich an britischen Bands wie **Crass** und **Conflict**. Auch Oi!-Punk bekam Zulauf. Bands wie die **Herbärds** versuchten, eine Brücke zu schlagen zwischen linken Skinheads und Punks. In ihren Texten wandten sie sich gegen den sich ausbreitenden Rechtsradikalismus in der Skinheadszene, in der die **Böhsen Onkelz** oder **Kraft durch Froide** den Ton angaben. Das ursprüngliche Punklabel Rock-o-Rama wurde zu einem der größten Verleger für rechtsradikale Musik. Folge: Bis heute steht so gut wie jede Oi!-Punkband von vornherein im Verdacht, rechtslastig zu sein. Inzwischen haben verschiedene Bands und Konzertmanager aus dem Oi!-Punk die Initiative »Good Night White Pride« (Gute Nacht weißer Stolz) gegründet, um rechte Skinheads aus Konzerten und der Szene rauszuhalten. Unter anderem machen **Springtoifel** und **Loikaemie** während ihrer Auftritte Werbung für das Projekt.

Nach dem Untergang der DDR erlebte die etwas müde gewordene Anarcho-Punkszene eine Art Neugeburt. Anlass waren nicht nur eine beängstigende deutsch-nationale Seeligkeit, sondern der Neonazi-Terror, der sich nach dem Fall der Mauer auf den Straßen breitmachte. Ausländer, Juden, Schwule und Obdachlose waren nicht mehr sicher in Deutschland, viele wurden Opfer rechtsradikaler Gewalt, die in den furchtbaren Brandanschlägen auf von Ausländern bewohnte Häuser in Mölln, Solingen und anderswo gipfelte. In Rostock-Lichtenhagen konnte 1992 ein losgelassener, brauner Mob unbehelligt von der Polizei tagelang Wohnblocks, in denen Flüchtlinge und vietnamesische Arbeiter wohnten, belagern und schließlich anzünden.

In dieser aufgeheizten Situation, in der militante Linke in vielen Städten rund um die Uhr Flüchtlingsheime bewachten, um sie vor rechten Angriffen zu schützen, kehrten Slime zurück auf die Bühne. Das Album *Schweineherbst* rechnete mit der Bundesrepublik, aber auch selbstkritisch mit der eigenen Vergangenheit und der Geschichte der Autonomen ab. Zahlreiche Punkbands aus der ehemaligen DDR wie **Die Skeptiker** (»Deutschland, halt's Maul!«) oder **Dritte Wahl** wurden deutlich radikaler. Neue Gruppen entstanden: **Betontod, Rawside, Baffdecks, Fahnenflucht, Kapitulation B.o.N.n., S.i.K.** oder **Zaunpfahl**.

...But Alive aus Hamburg fielen durch Texte auf, die sich mit Rassismus, Vergewaltigung, Tierschutz und linke Dogmen auseinander setzten. Als sie in einem Song die Moderatorin Margarethe Schreinemakers als »Quotenhure« bezeichneten, mussten sie sich selbst den Vorwurf gefallen lassen, sexistisch zu sein. **ZSK** aus Berlin griffen Themen wie Rassismus und Globalisierung auf. Im Stück *24. August 1992* nehmen sie Bezug auf den Pogrom in Rostock-Lichtenhagen. 2006 brachten **ZSK** die kostenlose DVD *Kein Bock auf Nazis* heraus. Aus der DVD ist inzwischen eine Initiative geworden, die Projekte gegen Rassismus unterstützt und an dem sich unter anderem **Muff Potter, Donuts, Beatsteacks, Die Ärzte, Wir sind Helden, Fettes Brot** und die **Toten Hosen** beteiligen. **ZSK** standen der Tierschutzorganisationen PeTA und Animal Libration Front nahe. Tierschutz und vegetarische beziehungsweise vegane Lebensweise wurden ein bestimmendes Thema in den Texten vieler Punkbands ab Mitte der Neunziger wie auch bei **Kafkas**.

V-Mann Joe (*Sachsen stürmt!*) waren und **Pestpoken** sind sehr aggressive und radikale Bands. Letztere rufen in ihren Liedern zur Gewalt gegen die Staatsmacht und politische

Gegner auf und stehen damit in einer Linie mit **Slime**. Was auch und besonders für **WIZO** gilt, die mit einer vierjährigen Unterbrechung seit 1986 dabei sind. In den Neunzigern wurde die Gruppe aus Sindelfingen zu der vielleicht einflussreichsten Polit-Punkband in Deutschland mit Verkaufszahlen von bis zu 100.000 Stück pro Album – keine andere politische Punkband in Deutschland hat solch eine große Fangemeinde.

1995 kam ihr Song *Kein Gerede* auf den Index. Mit der Zeile »Noch ein Aufruf zur Revolte, noch ein Aufruf zur Gewalt, viel zu lange gab's Unterdrückung, steinigt diesen Staat!« nehmen sie direkt Bezug auf eine ähnlichen Passage in *Bullenschweine* von **Slime**. Und auch für *Kein Gerede* gilt: Eigentlich müsste die Zensur alles überpiepsen. »Kein Gerede, nur die Tat, stoppt den skrupellosen Staat. Strommast sägen, Bomben legen, ab und zu ein Attentat. Sprengt die Knäste, sprengt Paläste, sprengt die Schweine in die Luft, sprengt die Banken, sprengt die Schranken, jagt die Bonzen in die Flucht. Eine Revolution für den Frieden und die Freiheit, eine Revolution für die Anarchie. Einen Kampf der Unterdrückung, einen Kampf dem System, einen Kampf für die Anarchie!«

Im Nachhinein war *Kein Gerede* der letzte laute Aufschrei einer Bewegung, die sich auf dem absteigenden Ast befand. Im Gleichschritt mit den Autonomen verlor auch der anarchistische Punk erheblich an Bedeutung. Zwar liefern Gruppen wie **Dead Shepherd**, **Freiboiter**, **Commandantes**, **Rawside** oder **Wilde Zeiten** bereits den Soundtrack für die nächste Revolte, aber im Moment fehlt eine starke Bewegung als Abnehmerin und Pendant auf der Straße. Für die meisten Punkbands gilt heute, was das Ox-Magazin über ein Album der Gruppe **Tut das Not** geschrieben hat: »Nachdenklicher Betroffenheits-Punk, der weiß Gott nicht schlecht ist, der aber auch nicht umhaut.«

Ein wichtiger Bestandteil der deutschen Punksubkultur sind die »Chaostage«, die in Hannover stattfinden. Auslöser dieser Institution war allerdings erst mal ein Vorfall in Wuppertal. Dort wollte die Stadtverwaltung 1982 den Punks verbieten, sich samstags in der Innenstadt an einem Brunnen zu treffen. Was dazu führte, dass fortan auch Punks aus anderen Städten zu den »Wuppertaler Punk-Treffs« kamen. 1983 kam es zu einer heftigen Straßenschlacht mit der Polizei, ein Jahr später mit rechten Skinheads. Im selben Jahr traf sich im Juni die Szene in Hannover zu den ersten »Chaostagen«. Anlass war eine geplante »Punker-Kartei«, in der alle Personen mit auffälliger Kleidung aufgenommen werden sollten. An dem Treffen beteiligten sich seinerzeit auch noch Skinheads. Doch schon ein Jahr später kam es zu Straßenkämpfen zwischen Punks und rechtsradikalen Skinheads. Die Polizei kesselte die Punks und andere Linke ein, nahm viele fest. Ende der Achtziger wurde es ruhiger um die Chaostage, aber in den Neunzigern nahmen die Auseinandersetzungen mit der Polizei an Härte zu. 1995 lieferten sich 2.000 Punks und 3.000 Polizisten drei Tage lang Straßenschlachten. Die Presse sprach von Szenen wie im Bürgerkrieg. Im nächsten Jahr bot die Staatsmacht an die 10.000 Beamte auf, nur wenigen Punks gelang es, in die Stadt zu kommen. Dort wurden sie dann von rechtsradikalen Schlägern empfangen. In der Folgezeit verloren die Chaostage an Bedeutung, finden aber bis heute immer wieder in anderen Städten statt.

1981 gründeten zwei Gymnasiasten aus Hannover die Allgemeine Pogo-Partei Deutschlands (APPD), der sich schnell viele Punks anschlossen. Sie nahm an mehreren Bundes- und Landtagswahlen teil und erreichte einmal im Hamburger Stadtteil St. Pauli über fünf Prozent der Stimmen. Sie fordert freien Drogenkonsum und die Null-Stunden-Woche bei vollem Lohnausgleich. Zur Bundestagswahl 2009 wurden die »Pogo-Anarchisten« nicht zugelassen, weil ihr angeblich die politische Ernsthaftigkeit fehlt. Die Antifa wirft der Partei vor, schlampig mit Nazi-Symbolik umzugehen.

DDR

Punkrock und die Deutsche Demokratische Republik – das konnte ja nicht gut gehen. Auf der einen Seite eine Subkultur, die jede staatliche Autorität komplett ablehnte und sich dem sozialistischen Arbeitskollektiv verweigerte, auf der anderen Seite der Arbeiter- und Bauernstaat, der von seinen Bürgern die Anerkennung dieser Autorität massiv einforderte. Punks waren im Aussehen und im Habitus das Gegenteil von dem, was sich die SED unter einem fleißigen, sozialistischen Menschen vorstellte. Punkrock funktionierte in der DDR im Prinzip genauso wie im Rest Europas, nur die Motivation war eine andere: Während die Jugend in den kapitalistischen Ländern von Zukunftsangst und Perspektivlosigkeit getrieben wurde, begehrte sie im Sozialismus gegen ein Zuviel an geplanter Zukunft auf. »Too much Future" statt «No Future". Die Punkbewegung fühlte sich durch den von der Partei vorgezeichneten Lebensweg von der Wiege bis ins Grab eingeengt und von tausend Vorschriften gegängelt.

Ab 1979 schwappt die Welle auch über den antiimperialistischen Schutzwall nach Berlin, Leipzig und Dresden. Zunächst bekommt der Staat davon wenig mit, die Szene ist übersichtlich und trifft sich privat oder in der Obhut der evangelischen Kirche. Dort wo sie öffentlich auftritt, wie am Alexanderplatz in Berlin, schreitet die Polizei ein, nimmt die Jugendlichen zur »Klärung eines Sachverhalts« mit aufs Revier und zwingt sie dort zuweilen, so erzählen es Punks aus der DDR, die Kleidung zu wechseln und sich die Haare zu waschen. Der Großteil der Bürger kann mit der ungewohnten Subkultur genauso wenig anfangen wie der Staat und findet das Vorgehen eigentlich ganz in Ordnung.

Die Szene reagiert auf die Schikane mit Provokation und erfindet den Volxsport des Polizistenmützenklauens. »Es war ein Spiel mit dem Feuer«, erinnert sich Michael Boehlke in einem Interview mit dem NDR. »Wenn niemand drauf reagiert hätte, wäre es auch nicht so spannend gewesen.« Boehlke, in Punkkreisen als »Pankow« bekannt, hat 2007 einen Film über den Anfang der Subkultur gedreht und gründet Ende der Siebziger **planlos** (nicht zu verwechseln mit der gleichnamigen Gruppe aus Grevenbroich), eine der ersten Punkbands in der DDR. Am Schlagzeug saß Bernd Michael Lade, der später unter anderem als Tatortkommissar aus Leipzig an der Seite von Peter Sodann bekannt geworden ist. Andere Bands entstehen wie **Schleim-Keim, Müllstation, Restbestand, Koks, Größenwahn, Zwitschermaschine, Zerfall, Paranoia** (vorher **Rotzjungen**) oder **Wutanfall**, aus denen später die Leipziger Legende **L'Attentat** wurde. In ihren oft hochpolitischen Texten schlachten sie tabulos jede heilige Kuh des Sozialismus. Sie singen über Umweltverschmutzung, über die Staatssicherheit und über Rechtsradikale in der DDR. Die Musik wird auf Tonbänder und Kassetten aufgenommen und republikweit von Hand zu Hand verteilt. Die Qualität der Kopien ist lausig, aber das verstärkt nur noch das Punk-Feeling. Nur **Schleim-Keim** (unter dem Pseudonym **Sau-Kerle**) und **planlos** gelingt es, Material in den Westen zu bringen, wo es auf Platte gepresst wird. Auftrittsmöglichkeiten bieten nur die Kirche und leer stehende Keller.

Im April 1983 findet in der Christuskirche in Halle ein erstes großes Punkfestival statt, auf dem alle bekannten Bands auftreten. Inzwischen kümmert sich auch das Ministerium für Staatssicherheit (MfS) um die Subkultur, die den Oberen langsam unangenehm wird. Schon vor der Abreise werden Punks an den Bahnhöfen abgegriffen und wieder nach Hause geschickt. Trotzdem gelingt es rund 3.000 Fans nach Halle durchzukommen, längst nicht alle gehören zur Subkultur. Die Rechnung kommt wenige Monate später: Der Staat beginnt, die Szene systematisch zu zerlegen. Die Band **Namenlos** wird nach neun Monaten U-Haft wegen Herabwürdigung der staatlichen Institutionen verurteilt und landet für anderthalb Jahre im Gefängnis. Der Staat wollte sich Songs wie *Nazis in Ostberlin* und *MfS-Lied* (»Aufgepasst, du wirst bewacht vom MfS, MM-ff-SS«) nicht länger gefallen lassen.

Auch zwei Mitglieder von **L'Attentat** kommen in Haft – einer der beiden anderen arbeitet für die Stasi, wie sich nach der »Wende« herausstellt. Nicht die einzigen, die regelmäßig Bericht erstatten, Erich Mielkes Leute hatten erfolgreich Szenegrößen angeworben. Zum Beispiel den Gründer und die Bassistin der Band **Die Firma**. Nomen est Omen, denn im DDR-Jargon hatte auch die Staatssicherheit den Beinamen »die Firma«. Die Band **planlos** wird zur Nationalen Volksarmee eingezogen. Wer zu jung ist für solche Maßnahmen, kommt nicht selten in die Psychiatrie oder in einen Jugendwerkhof für Schwererziehbare. Anderen legt der Staat die Ausreise in den Westen nahe. »Die Stasi hatte ihr Ziel erreicht: die Punkszene zu zerschlagen«, sagt **Namenlos**-Sängerin Jana Schlosser. (www.editionatelier.at) Der Staat versucht Punkrock nun in die rechte Ecke zu stellen, der kümmerlich Rest der Szene will daraufhin im KZ Sachsenhausen einen Kranz mit der Aufschrift »Nie wieder Faschismus – Punk aus Berlin« niederlegen, was die Polizei aber verhindert.

Ab Mitte der Achtziger beleben Bands wie **Feeling B.**, **Freygang**, **Hard Pop** (ehemals **Rosa Extra**), **Sandow**, **Tausend Tonnen Obst**, **Wartburgs für Walter**, **Die Art**, **Ichfunktion** oder **Die Skeptiker** den DDR-Untergrund neu und erhalten enormen Zulauf. Punks gehören Ende der Achtziger zum Alltag in der DDR. Die Staatssicherheit beobachtet sie, lässt sie aber weitgehend unbehelligt, wenn man von dem mancherorts geltenden Innenstadtverbot absieht. Denn anders als die erste Generation, fordern die meisten den Staat nicht mehr unverfroren heraus, sondern schwimmen mit im sozialistischen System. Ihre Texte sind frech und ungewöhnlich, aber sie tun auf den ersten Blick keinem mehr weh. Punkrock ist nun im Jugendradio DT64 zu hören, nicht nur Gruppen aus der DDR, sondern auch internationale, darunter viele Insidertipps wie **Minutemen**, um nur ein Beispiel von vielen zu nennen. Bands also auf die man bei Westsendern lange warten kann und eine Sendung wie »Parocktikum« sucht man in der BRD bis heute vergeblich.

Die Bands spielen nun bei der Kulturkommission vor und erhalten, wenn das Gremium sie für gut genug befindet, eine offizielle Auftrittserlaubnis. **Die Skeptiker** werden sogar staatlich gefördert. Platten erscheinen unter dem Etikett »andere Bands« bei Amiga, dem staatlichen Label. Das Album *Hea Hoa Hoa Hoa Hea Hoa Hea* von **Feeling B**. ist die erste Punkscheibe, die legal im Handel erhältlich ist. (Einige Mitglieder der Band verdienen heute übrigens bei Rammstein gutes Geld) Mittels eines zumindest nach außen gezähmten Punks zeigt der Arbeiter- und Bauernstaat seine vermeintliche Weltoffenheit.

Unpolitisch ist die Szene dennoch nicht, viele Punks sind in Friedens- und Umweltschutzgruppen aktiv. Es gibt auch immer noch Bands wie **Brechreiz 08/15, Die Fanatischen Frisöre, Die Chaoten, Zorn oder Charlie Kaputt**, die kompromisslos anarchistischen Politpunk machen und dafür vom Staat verfolgt werden. 1986 werden zwei Musiker von **Vitamin A** aus Magdeburg zu Haftstrafen verurteilt, **Freygang** wird verboten, nachdem sie auf der Bühne verhaftet worden waren. 1989 bekommen **Herbst in**

Peking Auftrittsverbot. Auf einer FDJ-Rocknacht hatte die Band die Zuschauer zu einer Schweigeminute für die Opfer des Massakers auf dem Platz des Himmlischen Friedens in Peking aufgefordert. Das chinesische Militär hatte dort eine Studentenrevolte mit Panzern niedergewalzt.

Mit dem Ende der DDR lösten sich einige Bands auf, andere radikalisierten sich deutlich, besetzten Häuser und schlossen sich den Autonomen an. Besonders **Die Skeptiker** aus Berlin entwickelten sich zu den »deutschen Dead Kennedys«, wie Kritiker schrieben. Nicht allein wegen der ausgebildeten Stimme des Sängers Eugen Balanskat, sondern auch wegen ihrer radikalen Texte. Mit *Deutschland, halt's Maul* und *Straßenkampf* gelangen der Band zwei neue Hymnen für den Schwarzen Block. »Wenn Eugen Balanskat das Wort ›Deutschland‹ in den Mund nahm, sang er es nicht. Er spuckte es aus. Aggression und Abscheu in jeder Silbe (...).« (http://sallys.net/Musik/Stories/Detail/62027/ Die+Skeptiker+-+Neue+Ufer+Sind+Die+Besten!)

Auch die 1988 in Rostock gegründete Band **Dritte Wahl** schaffte es, sich mit aggressiven, linken Texten an die Spitze des Politpunks im vereinten Deutschland zu setzen. »Richtig politisch geworden sind wir erst nach der Wende«, erzählt Sänger Gunnar. (www.graswurzel.net/318/3wahl. shtml) Über die Räumung der besetzten Mainzer Straße in Ost-Berlin 1990 schrieben sie genauso einen Song wie über die rassistischen Ausschreitungen in Rostock-Lichtenhagen 1992 oder den Tod von Wolfgang Grams in Bad Kleinen 1993.

Demasiados Enemigos
Punk aus der Peripherie

Hier eine Nacht im Knast, dort mal ein Gummiknüppel auf den Kopf und hin und wieder auf der Flucht vor Naziglatzen – das ist alles ganz schön übel, aber es gibt auf dieser Erde Punks, die über solche kleinen Zwischenfälle müde lächeln. Punk zu sein in einer Diktatur wie unter Pinochet in Chile kann lebensgefährlich sein. Wer in Brasilien auf der Straße lebt, ist froh, falls er am nächsten Morgen wieder wach wird und ihm Todesschwadronen nicht die Kehle durchgeschnitten haben. Oder die spanische Guardia Civil ist hinter einem her, weil man für die baskische Unabhängigkeit kämpft – es gibt viele Orte auf dieser Welt, wo Punkrock noch wirkliche Befreiung von Verfolgung, Unterdrückung und einem übermächtigen Staat bedeutet.

Die Punkwelt außerhalb der Metropolen ist hierzulande einigermaßen unbekannt. Auf den Philippinen zum Beispiel gab es bereits Mitte der Achtziger die ersten Bands, aber wer kennt schon die **Philippine Violators** oder **Betrayed**? Lateinamerika ist eine Hochburg des Anarchopunks, nirgendwo sonst sind Bands so radikal und angriffslustig. Auch in Indien, der »größten Demokratie der Welt«, schräbbelt es gewaltig. Pakistan, Iran, Grönland und Myanmar – es gibt kaum noch eine pogofreie Zone auf dem Globus. Gesungen wird in allen Sprachen, **Fokofpolisiekar** (Verpiss dich, Polizeiauto) versucht es sogar auf Afrikaans. Im Folgenden geht es um Ecken auf der Erde, in denen die Lage brenzlig ist. In Lateinamerika, in Israel und Syrien oder in Euskadi (Baskenland).

Euskadi

Punkrock in Euskadi entstand inmitten großer Veränderungen in Spanien. Francos faschistische Diktatur war mit seinem Tod 1975 zwar zu Ende, doch die Strukturen lebten fort. 1979 erhielt das Baskenland zwar politische Autonomie, aber eben nicht die herbeigesehnte Unabhängigkeit. In dieser Zeit wuchs der baskische Nationalismus und gleichzeitig entstand in Euskadi eine veritable Punkszene. Eine der ersten Punkbands waren die 1979 gegründeten **La Polla Records**, die gegen alles rebellierten. Mit ihrem Namen (Polla heißt »Schwanz«) sorgten sie für einiges Aufsehen. **Eskorbuto** (Skorbut) aus Bilbo (Bilbao) entstanden ein Jahr später. Sie sangen rüde Texte auf Spanisch und hatten großen Einfluss auf Bands in Lateinamerika. Mit *Mucha Policía, Poca Diversión* (Viel Polizei, wenig Spaß) gelang ihnen gleich mit der ersten Platte eine Polit-Punk-Hymne. In den Achtzigern kamen sie wegen angeblicher Unterstützung einer terroristischen Vereinigung ins Gefängnis, ihr Song *ETA*, in dem sie die Polizeigewalt gegen die baskische Befreiungsbewegung anprangerten, landete auf dem Index.

Auch wenn sie durchaus Sympathien für die ETA erkennen ließen, wehrten sie sich gegen eine Vereinnahmung: »Rock hat kein Vaterland, nicht mal der baskische.« Solche Aussagen brachten ihnen einigen Ärger mit der militanten Szene ein, und eine ihrer Platten heißt dann auch bezeichnenderweise *Demasiados Enemigos* (Zu viele Feinde). Eine Zeitlang trugen Mitglieder der Band kleine Sticker mit dem Hakenkreuz am Revers (die bereits bekannte Provokation) und schnell stand das Gerücht im Raum, sie seien nun rechts geworden. Die Band antwortete darauf süffisant: »Sind wir nicht alle auf die eine oder andere Weise Nazis, aber wollen es nicht zugeben?« 1991 starben kurz nacheinander zwei Bandmitglieder an den Folgen ihrer Heroinsucht. Ein Schicksal, das sie mit einer großen Anzahl baskischer Musiker teilen und mit vielen, vielen Fans aus der Punkszene in Euskadi. Die Band **Cicatriz** hat sich sogar in der Therapie getroffen, inzwischen sind alle vier Gründungmitglieder an einer Überdosis oder am HIV-Virus gestorben.

Anfang der achtziger Jahre wurde die Bezeichnung »Euskal Herriko Rock Erradikala« (Radikaler Baskischer Rock) geläufig. Die linke baskische Partei Heri Batasuna begann zu ungefähr jener Zeit die Konzertreihe »Rhythmus und Kampf«, die Musikveranstaltungen mit politischen Demonstrationen verband. Viele junge Bands hatten so die Möglichkeit, vor einem größeren Publikum aufzutreten. Die 1983 in Irun gegründete Ska-Punk-Band **Kortatu** gehörte zu den politisch radikalsten Gruppen in Europa, ihr Sänger Fermin Muguruza zu den schillerndsten Personen im Polit-Punk. Aber auch zu dem umstrittensten, weil er und seine Bands in ihren Liedern einen linken baskischen Nationalismus transportieren, der nicht überall in der anarchistischen Politpunkszene im Rest von Europa Anklang findet. Wenn die linke baskische Partei Heri Batasuna als der parlamentarische Arm des militanten Widerstands in Euskadi gilt, so war Kortatu sein musikalischer. Parolen, Transparente, baskische Fahnen und geballte Fäuste – Kortatu-Konzerte waren niemals nur Musikveranstaltungen, sie waren politische Manifestationen vor oft mehr als 10.000 Zuschauern. »Gefangene auf die Straße« skandierte das Publikum, oft auch »Gora ETA Militara« (»Hoch lebe die ETA!«). Kein Wunder also, dass die spanische Zensur ein besonderes Auge auf die vier Basken warf: Livemitschnitte mussten gefiltert werden, die Single *Aizkolari* kam auf den Index, weil das Cover den spanischen König verhöhnte und im Hintergrund der Liveaufnahme das Publikum deutlich hörbar die ETA feiert. Der Titel bedeutet »Holzhacker«

und erinnert an einen baskischen Nationalsport, bei dem mit großen Äxten Baumstämme kurz und klein gehauen werden.

Das politische Bekenntnis begann bei **Kortatu** schon mit dem Namen, der an den Rufnamen eines zu Tode gekommenen Mitglieds der ETA erinnert. 1985 gerieten **Kortatu** und die baskische Rockband **Barricada** in den Verdacht, den Ausbruch von zwei ETA-Mitglieder vorbereitet zu haben, einer von ihnen war der Schriftsteller Joseba Sarrionandia. Die beiden Partisanen entkamen nach einem Konzert des baskischen Liedermachers Imanol Larzabal im Gefängnis von Donostia (San Sebastian) – sie versteckten sich in den Lautsprecher-Boxen. Weil **Kortatu** und **Barricada** dort einige Monate zuvor ebenfalls gespielt hatten, glaubte die Guardia Civil, sie hätten das Husarenstück eingefädelt. Ihnen konnte letztendlich nichts nachgewiesen werden. **Kortatu** schrieb ein Lied, in dem sie den Ausbruch begrüßten: *Sari, Sari*, nach dem Spitznamen von Joseba Sarrionandia. Ach ja, sie durften natürlich nie wieder in einem Gefängnis auftreten, was für eine radikale Punkband auch schon eine schwere Strafe sein kann. Dafür nahmen sie dann reichlich an Soli-Konzerten für die Gefangenen der ETA teil oder an Festivals gegen die NATO. Mindestens einmal schaffte es **Kortatu** auf Platz 1 einer Hitliste – in Nicaragua beim Sender SANDINO mit ihrem Lied *Nicaragua, Sandinista*. Andere Songs waren naturgemäß weniger populär, wie der über den Tod von vier ETA-Leuten, die bei lebendigem Leib verbrannten oder ein Schmähsong auf Bischof Desmond Tutu, der den militanten Kampf in Südafrika verurteilt hatte.

Nachdem sich **Kortatu** 1988 getrennt hatten, gründete Fermin Muguruza zwei Jahre später **Negu Gorriak** (Kalte Winter). Die Band hatte ein breiteres musikalisches Spektrum, das von Punk über Ska und Reggae bis zu HipHop und Crossover reichte. Auch **Negu Gorriak** leugnete nie eine gewisse Sympathie für den militanten baskischen Widerstand. Das Bandlogo, zwei gekreuzte Äxte auf rotem Grund, erinnert ein wenig an das ETA-Symbol, und in ihren Texten gingen sie nicht zimperlich mit Spanien um: Sie kritisierten die katholische Kirche, sangen über die Franco-Diktatur und Polizeigewalt. Ihr erstes Konzert gab die Band vor dem Hochsicherheitsgefängnis Herrera de la Mancha in Manzanares, in dem viele ETA-Leute sitzen. Später bekamen sie Ärger, weil sie im Song *Ustelkeria* die Guardia Civil und den Polizeichef von Donostia (San Sebastian), beschuldigten, im Drogenhandel aktiv zu sein. Der Polizeichef wurde schließlich überführt, allerdings hatten sich da **Negu Gorriak** bereits aufgelöst. Aber aus diesem Anlass kamen sie noch einmal zusammen und gaben drei Konzerte – vor insgesamt 30.000 Zuschauern.

»Autoritäten haben Angst vor meiner Musik, weil sie ein Werkzeug gegen die Unwissenheit ist. Diese Autoritäten wollen Unwissenheit, weil sie dann tun können, was sie wollen«, glaubt Fermin Muguruza. Muguruza hat sich zwar immer für eine friedliche Unabhängigkeit des Baskenlands stark gemacht, hat aber andererseits die ETA auch nie für ihre Politik der Gewalt verurteilt. In frühen Stücken zeigt er großen Respekt vor den Mitgliedern. 2007 hat Muguruza übrigens *Yalla, Yalla, Ramallah* (Los geht's, Ramallah) aufgenommen, ein Stück über die Situation in der palästinensischen Westbank. Womit wir einen wunderbaren Übergang zum nächsten Krisenherd haben: dem Nahe Osten.

Naher Osten/Israel

Wer im ruppigen Winter in der syrischen Hauptstadt Damaskus leben will, muss unbedingt einen lauten Ruf erkennen, sonst bleibt die Hütte kalt: »Masoooooot!« Dieeeeeesel! Mit dem Brennstoff füllen die Damaszener ihre kleinen Ölofen, Zentralheizung gibt es nur in den besseren Vierteln. Diesel heißt übersetzt auch die einzige bislang bekannte Punkband in Syrien, nur, dass die Musiker sich etwas eigentümlich **Mazhott** schreiben. Seit 2007 machen sie Damaskus unsicher. Pogo im Reich von Bashar al-Asad? Das muss doch Stress mit der Staatsmacht geben. »Wir werden in denselben Topf geworfen wie die Metalszene, deshalb ist es auch für uns manchmal schwierig.« Gothic und Metal gelten in Arabien im wahrsten Sinne des Wortes als Teufelszeug, deshalb sind die Bands oft als Satanisten verboten. »Aber weil wir auf Arabisch singen, haben wir es leichter. Wir singen über Dinge, die junge Leute angehen und über Soziales. Über Väter, die ihre Töchter mit älteren Männern verheiraten und über unsere Generation, die frustriert ist und nicht weiß, was sie mit ihrem Leben anfangen soll«, sagen Mazhott. »Wir haben aber auch einen Song über Korruption. Wenn du der Sohn einer wichtigen Person bist oder jemanden Wichtigen kennst, wirst du gleich ganz anders behandelt.« (http://taqwacore.wordpress.com/2009/12/03/diy-damascus-interview-with-syrian-punk-band-mazhott)

Nicht nur in Syrien, auch in anderen arabischen Staaten, wachsen neue Subkulturen. »Die Aufstände in der arabischen Welt werden von HipHop-Songs und Punkrock-Attitüde befeuert. Die Jugend ist nicht länger gewillt, Armut und Zensur hinzunehmen«, schreibt Arian Fariborz, der in seinem Buch *Rock the Kasbah* die neue, arabische Musikszene unter die Lupe genommen hat. Zwar ist Hip-Hop bei den Jugendlichen in Kairo, Beirut oder Damaskus deutlich beliebter als Punk, aber auch diese kleine Pflanze beginnt langsam zu blühen. **Mazhott**, die Beiruter Band **Detox**, **Brain Candy** aus Kairo, **Sound of Ruby** aus Saudi Arabien sind die bekannten Bands, im weiteren Sinne kann man auch **Cheshme3vom** aus Teheran dazuzählen. Die umwälzenden Veränderungen, die im Moment in der arabischen Welt passieren, haben natürlich auch den Spielraum für Subkulturen vergrößert. »Wir haben schon nicht mehr daran geglaubt, dass sich je etwas ändern könnte. Nun atmen wir zum ersten Mal den Duft der Freiheit«, sagt Kandeel von der ägyptischen Punkband **Brain Candy**. Bis zur Revolution auf dem Tahrir-Platz seien sie vom Staat und vom Geheimdienst schikaniert worden, schreibt Arian Fariborz. In Teilen der deutschen Punkszene ist es inzwischen politisch korrekt, Bands aus Arabien unter Generalverdacht zu stellen: »Selbst in der Underground Musikszene arabischer und nordafrikanischer Länder ist der Antisemitismus weit verbreitet«, behauptet www.punkdeluxe.de in einer CD-Review. Beispiele für diese durchaus rassistische Pauschalunterstellung? Natürlich keine. Bei all den Bands, um die es hier geht, haben wir davon auch nichts gefunden.

Wir machen nun einen kleinen Abstecher in die USA. »I am an Islamist, I am the anti-christ«, singt die Punkband **The Kominas** aus Boston in leichter Abwandlung des Klassikers *Anarchy in the UK* der *Sex Pistols*. Der Name ist Urdu und bedeutet Bastarde, Hurensöhne. Die Familien der Musiker stammen nämlich aus Pakistan und sind Vorbilder für eine neue Generation junger Muslime in Nordamerika. Die beiden Gründer der Band lernten sich als Teenager in einer Bostoner Moschee kennen. An der Universität wurden sie 2003 auf einen Roman aufmerksam, in dem es nur so von skurrilen Typen wimmelt: **The Taqwacores** von Michael Mohammad Knight, einem als Teenager zum Islam konvertierten, weißen Amerikaner. In dem Buch erfindet der Schriftsteller Burqa-Mädchen, die auf Riot Grrrl stehen, Skinhead-Schiiten, die in Springerstiefeln unterwegs sind, Sufis mit Irokesenfrisur, betrunkene Imame und masochistische Muftis. Gemeinsam wohnen sie in einem Haus in Buffalo. Unter der Woche wird ordentlich gebetet und am Wochenende steigen wilde Punkkonzerte.

Knight hatte eine Zeitlang in einer Koranschule in Pakistan verbracht, danach ging er auf Distanz zum konservativen Islam. »Irgendwann war ich desillusioniert und fing an, mit den Punks abzuhängen. Ich hab ihre Haltung bewundert, ihre Ehrlichkeit und Kompromisslosigkeit. Genau das wollte ich auch für meinen Islam.«

Sein Roman und die Gründung der **Kominas** waren der Beginn eines neuen Zweigs in der Punksubkultur: Taqwacore. Der Begriff »Taqwa« ist Arabisch, stammt aus dem Islam und bedeutet in etwa Gottesfurcht. Wie Punk grundsätzlich spielt auch Taqwacore mit der Provokation: Auf dem Cover des Debütalbums der **Kominas** *Wild Nights in Guantanamo Bay* ist eine Frau in Lara-Croft-Pose und im Minirock zu sehen, die eine Burqa trägt, den muslimischen Vollschleier, und eine Kalaschnikow. 2008 spielte die Band in Lahore, um das preisgekrönte Roadmovie *Taqwacore: The Birth of Punk Islam* in Pakistan zu promoten.

Zur Szene gehören Bands wie **Vote Hezbollah**, **Al-Thawra** (Arabisch: Die Revolution), und **Fedayeen**, die mit ihrer ersten Single *I love Osama Bin Laden* für großes Aufsehen sorgten. Die bemerkenswerteste Gruppe ist aber wohl **Secret Trail Five** aus Toronto in Kanada. Fünf junge Muslimas, darunter die Sängerin Sena Hussain, ein lesbischer Drag-King mit pakistanischen Vorfahren. Als sie 2007 mit **The Kominas** auf Tour durch die USA gingen, spielten sie auf dem Jahreskongress der Nordamerikanischen Islamischen Gesellschaft in Chicago – sehr zum Ärger der Organisatoren, aber zur großen Freude zahlreicher Kopftuch-Mädchen. Während Sena Hussains Auftritt kam es zu einem Handgemenge zwischen der herbeigerufenen Polizei und den abrockenden muslimischen Riot Grrrls.

Taqwacore ist gegen die Traditionalisten in der eigenen muslimischen Gemeinschaft und gegen alle Klischees, die von außen kommen: »Wir zeigen beiden den Mittelfinger: Fickt euch!« Nach dem Anschlag auf das World Trade

Center sahen sich die jungen Muslime unter Generalverdacht und gewannen den Eindruck, nicht zur amerikanischen Gesellschaft zu gehören. Punkrock ist auch hier die Möglichkeit den angestauten Frust rauszulassen. Der Einfluss von Taqwacore reicht bis nach Pakistan, wo die **Dead Bhuttos** seit 2007 Islamabad mit Pogo überzogen. Gerüchten zufolge soll es die Band aber nicht mehr geben. Die Punkszene im Westen betrachtet das muslimische Treiben mit Skepsis: Ein weiblicher Taqwacore-Fan, der ein Kopftuch trägt, auf dem oben ein Iro aufgenäht ist, bleibt vorerst noch ein ziemlich ungewohnter Anblick.

Verlassen wir Taqwacore und kehren zurück in den Mittleren Osten. Nach Israel, wo die – wen wundert es – agilste und vielfältigste Szene der Region zu Hause ist. Eine große Zahl israelischer Punkbands ist unpolitisch und nur auf Spaß aus, es existiert aber auch eine ganze Reihe von Punkbands, die politisch radikal links stehen und die israelische Politik besonders in Bezug auf die Palästinenser harsch kritisieren. Eine der provokantesten Punkbands in Israel ist seit 1997 **Dir Yassin.** Sie selbst nennen sich »Anti-Zionisten in einem Militärstaat«, und ihr Logo zeigt die Umrisse der besetzten Westbank umrahmt von einem Davidstern aus Stacheldraht. Nicht die einzige Provokation, schon der Name ist für manche Israelis eine Zumutung. 1949, kurz vor dem ersten Krieg um Palästina, richtete die zionistische Terrormiliz Irgun in dem palästinensischen Dorf Deir Yassin ein Massaker unter den Bewohnern an. Später wurde Deir Yassin dann zu einem Symbol für die palästinensische Befreiungsbewegung und ein Synonym für die Millionen geflohener Palästinenser. »Wir haben den Namen gewählt, um die verdrängten blutigen Fakten des Zionismus und der israelischen Geschichte wieder ins kollektive Bewusstsein zu holen.« Wohlgemerkt, es spielen keine Palästinenser in der Band.

In ihren Texten gehen **Dir Yassin** nicht besonders zimperlich mit den Gefühlen der Israelis um, besonders die der Holocaust-Überlebenden, wenn sie beispielsweise die Besetzung der Westbank und den Bau der Trennungsmauer mit dem Warschauer Ghetto vergleichen. »Man erfährt sehr viel Kritik, Hass und selbst Gewalt gegen einen, wenn man es wagt, das laut zu äußern. Vor allem wenn du die Armee kritisierst, kannst du Ärger mit dem Staat und der Geheimpolizei bekommen«, erzählt die Band in einem Interview mit dem Online-Fanzine Punkdeluxe (http://www.punkdeluxe.net/intis/diryass.html). »Die Tatsache, dass wir jüdisch sind, macht es für uns wesentlich einfacher als für Araber, unsere Ansichten auszudrücken und einige Dinge zu tun. Es sind die arabischen Systemkritiker die unter wirklicher Strafverfolgung leiden und ihr Leben in Gefahr bringen, insofern wäre jegliche Art von Vergleich zwischen unserer und ihrer Situation lächerlich. Wir haben ein sehr, sehr einfaches Leben verglichen mit allen Palästinensern und ich denke, dass es unsere Aufgabe ist, unsere Privilegien dafür zu nutzen, das israelische Apartheidsystem zu zerstören.«

Mit solchen Ansichten machen sich **Dir Yassin** keine Freunde in dem Teil der deutschen Linken, der Israel unkritisch gegenübersteht und stereotyp Antisemitismus vermutet, wenn es um Kritik am Zionismus geht. »Ich kann verstehen, dass in Deutschland alles, was mit Juden zu tun hat, ein heikles Thema ist, aber ich finde, dass selbst wenn das wichtigste Ziel für jemanden der Kampf gegen den Antisemitismus ist (obwohl ich finde, dass das Hauptziel die Freiheit für alle Menschen sein sollte) eine Unterscheidung zwischen der Politik Israels und den Juden ein entscheidender Schritt im Kampf gegen Antisemitismus ist! Ich sag's noch einmal: Denkt nicht, dass euch Kritik an Israel zu einem Nazi macht – die Lehre des Holocaust sollte sein, Menschenrechte und nicht bestimmte ›Rassen‹ zu schützen.«

Mehr noch als **Dir Yassin** standen **Nikmat Olalim** (Rache der Kleinkinder) im Fokus der Kritik, nicht nur weil sie im Zusammenhang mit der israelischen Besatzungspolitik von »ethnischer Säuberung« singen. Alleine der Name ist – wieder einmal – eine Provokation, weil es eine jüdisch-extremistische Terrorgruppe mit gleichem Namen gab, die einen Rohrbombenanschlag auf eine palästinensische Grundschule in Zur Baher verübte und zehn Kinder und einen Lehrer verletzte. Man stelle sich nur mal vor, eine linke deutsche Punkband würde sich »Wehrsportgruppe Hoffmann« nennen. **Nikmat Olalim** nahmen kein Blatt vor den Mund, hielten der Regierung vor, sie missbrauche den durchaus existierenden Antisemitismus um die eigene rassistische Politik zu rechtfertigen. »Ich denke, es ist wichtig zu hören, dass es Leute in Israel gibt, die drastisch gegen die Besetzung sind«, sagen **Nikmat Olalim** in dem Dokumentarfilm *Jericho's Echo: Punkrock in the Holy Land* der Filmemacherin Liz Nord. »Der ganze Anfang eines Prozesses echten Friedens und eines Weges, normal zu leben, wäre wirklich miteinander zu reden und die andere Seite und andere Kultur kennenzulernen. Tatsächlich zusammen leben zu lernen und eben nicht getrennt.«

Eine besondere Sparte des politischen Punkrock in Israel bilden Bands, die russische Wurzeln haben und teilweise auch auf Russisch singen. Die Streetpunks von **Chaos Rabak** und den **Dead Rabinz** aus Tel Aviv sind die beiden bekanntesten. Dead Rabinz bedeutet dabei nicht Tote Rabiner, sondern es geht bei dieser Hommage an die **Dead Kennedys** um den ermordeten israelischen Ministerpräsidenten und Friedensnobelpreisträger Yitzhak Rabin. Die Texte der beiden Bands handeln von der besonderen gesellschaftliche Situation russischer Juden in Israel. »Wir sind wie Bürger zweiter Klasse, werden ständig festgenommen.

Wir kamen ins Gefängnis, weil ein paar Typen uns angegriffen haben. Wir haben mit ihnen gekämpft, die Polizei kam, aber nahm nur uns mit«, erzählen **Chaos Rabak** im Film *Jericho's Echo*. Bezeichnenderweise heißt die erste CD der **Dead Rabinz** *Israhell*.

Seit einiger Zeit versucht eine Bewegung namens »Punks against Apartheid« (PAA) ausländische Punkbands davon abzuhalten in Israel aufzutreten. Wer die Kampagne unterstützt, bleibt im Dunkeln, israelische Bands jedenfalls scheinen nicht dabei zu sein, palästinensische gibt es, so weit bekannt, ohnehin keine. Während Jello Biafra, der ehemalige Sänger der **Dead Kennedys**, sein für Anfang Juli 2011 geplantes Konzert in Tel Aviv tatsächlich absagte, hatte die gleiche Kampagne gut ein Jahr zuvor bei John Lydon, dem einstigen Johnny Rotten, weniger Erfolg gehabt. Er trat mit seiner Band **P.I.L.** in Israel auf, obwohl auch er im Vorfeld heftig angegangen worden war. »Ich spiele für Menschen, nicht für Politiker. Und Juden sind auch Menschen«, sagte Lydon in einem Fernsehinterview. »Ich bin gegen alle Regierungen und mache das bei allen Auftritten klar.« Lydon blieb seiner Einstellung treu, die er schon als Johnny Rotten verkörperte: Ohren auf Durchzug bei allen moralisierenden Weltverbesserern egal welcher politischen Richtung. Dem alten Punkmotto folgend: Niemand sagt mir, was ich zu tun und zu denken habe und schon gar nicht Leute, die glauben, sie hätten das Gute gepachtet.

Lateinamerika

Fidel Castro hat sich in seinem langen, ereignisreichen Leben bestimmt schon viele Beleidigungen anhören müssen. Ob auch »Schwanzlutscher« darunter war, ist nicht überliefert. In ihrem Video *El Commandante* beschimpft die kubanische Punkband **Porno para Ricardo** (Porno für Ricardo) den greisen und von Krankheit gezeichneten

Maximo Lider unflätig, nennt ihn ein »Coma andante«, ein wandelndes Koma. Auch sein Bruder und Nachfolger Raul kann an anderer Stelle hören, welches Arsenal an Schimpfwörtern die spanische Sprache bietet. Ganz klar, hier haben vier Jungs mittleren Alters die Schnauze gehörig voll vom Castro-Kommunismus auf Kuba. 2008 stand deshalb Gorki Aguila, der Sänger der Band, in Havanna vor Gericht. Die Anklage lautete: soziale Gefährlichkeit. Mit diesem Paragraphen kann der kubanische Staat, Bürger aus dem Verkehr ziehen, falls es so ausschaut, als könnte der Angeklagte demnächst eine Straftat begehen. Auf Kuba kann es dafür maximal vier Jahre Haft geben. Käme der 1968 geborene Gorki Aguila aus Weißrussland, Usbekistan oder den arabischen Emiraten, hätte vermutlich kein Hahn nach ihm gekräht. Welcher Punk kann von sich schon behaupten, Amnesty International hätte sich vor Gericht um ihn gekümmert. Die amerikanische Regierung und die internationalen Medien beobachteten den Prozess; die Exilkubaner in Florida kurbelten mit ihrem Geld eine weltweite Kampagne an. Sogar einen Preis für Menschenrechte hat Aguila schließlich bekommen. Auf einmal war der zotige Sänger der berühmteste Punk der Welt. »Nun sonnen sich allerlei falsche Freunde in Aguilas Ruhm. Von rechtsgerichteten Exilkubanern wird er als Held gefeiert – obwohl diese den notorischen Unruhestifter unter anderen Umständen wohl selbst ins Gefängnis stecken würden.« (Tagesspiegel, 18.9.2008) Aber auch die kubanischen libertären Anarchisten unterstützten den Angeklagten, eine Gesellschaft, die sicher besser zu einer Punkband passt als Hillary Clinton. Das Regime in Havanna zeigte sich am Ende gnädig und steckte Gorki Aguila nicht ins Gefängnis, sondern verdonnerte ihn wegen Ruhestörung zu einer Geldstrafe von 600 Pesos, was für viele Kubaner immer noch ganz schön happig ist. Bei Aguila kann man aber davon ausgehen, das einer der neuen Freunde die Summe übernommen hat. Neutrale Beobachter werteten das recht milde Urteil übrigens als Zeichen einer liberaleren Innenpolitik unter Raul Castro.

In den Neunzigern kam Punkrock trotz aller revolutionären Errungenschaften des Commandante auch nach Havanna. Die Szene traf sich in leerstehenden Lagerhäusern wie dem El Patio de Maria, das eine Art kubanisches CBGB's wurde, in dem sich langhaarige »Rokeros« und abgedrehte »Frikis« trafen. Der Iggy Pop des kubanischen Punkrocks war Gil Ortiz Pla mit seiner Band **Rotero**. Der inzwischen 42-Jährige lebt seit einigen Jahren in Florida und ist recht unglücklich, weil er in den USA als Emigrant musikalisch kein Bein auf den Boden bekommt. Als Gil Ortiz Pla noch auf Kuba lebte, verbrachte er manche Nacht im Gefängnis, Auseinandersetzungen mit der Polizei waren normal. »Wenn du keine Zelle von innen kennst, bist du auch kein Punk«, sagt er heute. Ironie der Geschichte: Das erste Album der Band produzierte ausgerechnet ein Enkel von Che Guevara.

Rotero haben für das Regime nie die Brisanz von **Porno para Ricardo** erreicht, die heute ein Symbol sind für die Unzufriedenheit vieler kubanischer Jugendlicher mit dem System. Im Internet kursieren eine ganze Reihe Videos aus Havanna, auf denen Punks ihren Unmut über Polizei und Staatsmacht kundtun. Tenor: Che Guevara Si, Castro No! Anfangs zeigte sich die Regierung noch aufgeschlossen und ließ **Porno para Ricardo** im Staatsfernsehen auftreten, ab und zu liefen sie auch im Radio. Die Band war damals unpolitisch und sang pubertär-schlüpfrig über Selbstbefriedigung und »sexgeile Lesben«. Hüpfende Brüste, wackelnde Hintern und viel nacktes Fleisch aus der Karibik – in den Texten und Videos von **Porno para Ricardo** kommen Frauen vor allem als Lustobjekte vor. Die Kulturbehörden sollen der Band ein paar Mal zu einer Namenänderung geraten haben. Auch das Bandlogo, eine typische Punkprovokation, wird nicht in ihrem Sinne gewesen sein. Es zeigt auf den ersten Blick Hammer und Sichel, bei näheren Betrachten stellt sich der Hammer aber als Penis heraus und die Sichel als Vagina. »Wir waren so chaotisch, wie es nur ging«, sagt Gorki Aguila. »Man kann es fast musikalischen Terrorismus nennen.« (www.miaminewtimes. com/2010-06-24/music/cuban-punk-rockers-gorki-and-gil-used-music-to-take-on-castro)

2003 stand Gorki Aguila das erste Mal vor dem Kadi. Zwei Jahre ohne Bewährung wegen unerlaubtem Drogenbesitz. Während eines Konzerts hatte ihm ein weiblicher Fan Amphetamine verkauft – die Frau stellte sich als Polizistin heraus. Vorher hatten **Porno para Ricardo** in ihren Texten begonnen, das Regime direkt anzugreifen und sparten dabei nicht mit Kraftausdrücken: »Der Commandante will, dass ich seiner delirierenden Scheiße zuhöre. Verpiss dich, Commandante!« Die Band ließ sich dabei fotografieren, wie sie fröhlich ein Exemplar der »Granma«, das Flagschiff der kubanischen Presse, schredderte. Ihre Stücke nahmen sie in Aguilas Wohnung auf, die Musiker sammelten Eierkartons um den Lärm ein wenig zu dämmen. »Musik fing an konterrevolutionär zu werden«, erinnert sich Gil Ortiz Pla.

»Als ich aus dem Gefängnis kam, hab ich das Regime noch mehr gehasst«, erzählt Gorki Aguila. **Porno para Ricardo** setzten ihre Kritik unbeeindruckt fort. In ihren Videos, die von den USA aus verbreitet werden, gießen sie kübelweise Hohn und Spott über die Castro-Brüder aus, immer mit schwer sexuellem Unterton. In einem Interview mit dem amerikanischen Sender CNN bezeichnete er den Kommunismus als »kompletten Fehler. Bitte, ihr Linken dieser Welt, verbessert euren Kapitalismus.« Ein merkwürdiger Satz für einen, der an anderer Stelle den Anarchismus als »sehr verführerisch« bezeichnet, allerdings auch zugibt, wenig über die anarchistische Idee zu wissen. **Porno para Ricardo** bekamen Auftrittsverbot, Aguila landete am Ende wieder vor Gericht.

Als der Punk Mitte der Siebziger in Europa und den USA seine Blüte erlebte, waren in fast ganz Lateinamerika rechte Militärdiktaturen an der Macht, die brutal jede freie Meinungsäußerung unterdrückten. Menschen wurden auf offener Straße verhaftet und verschwanden für Jahre in den Folterkellern der Juntas, wenn sie nicht gleich umgebracht wurden. »Unter den Militärs wäre die Anwesenheit eines Bunthaarigen mit Nietenarmband und Lederjacke in der Fußgängerzone einer südamerikanischen Stadt undenkbar gewesen«, schreibt Stefan Kunzmann für die *Lateinamerika Nachrichten*. (www.lateinamerika-nachrichten.de/index.php?/artikel/2209.html) »Wir wurden öfter festgenommen, aber eigentlich nur wegen unseres Aussehens«, erinnert sich auch der ehemalige Sänger der **Pinochet Boyz** aus Santiago de Chile. »Es hat lange gedauert bis die begriffen, dass wir eine linke, radikale politische Einstellung hatten.« Die Band wurde 1984 gegründet, zu einer Zeit, als der Diktator noch im Sattel saß. General Augusto Pinochet hatte 1973 den frei gewählten, sozialistischen Präsidenten Salvador Allende mit Waffengewalt gestürzt.

»Die Angst unter den Leuten war so groß, dass man sie riechen konnte. So ging das drei oder vier Jahre, absoluter Terror und Ausgangssperre, bis zu den ersten schüchternen Schritten einer Sozialbewegung.« Aus jeder Familie verschwanden Angehörige im Gefängnis, andere gingen ins Exil, wie zum Beispiel die Familie von Rodrigo Gonzalez, Gitarrist bei Die Ärzte und Abwärts. »Ich war absolut enttäuscht von der vorigen Generation, von ihrer Feigheit in Bezug auf Pinochet. Meine ganze Familie waren Linke und ich konnte ihre Passivität nicht fassen«, erinnern sich ein Mitglied der Pinochet Boyz. Punks in Chile kamen vor allem aus der Mittelschicht. »Aus den unteren Schichten gibt es keine Punks, weil Punk zu sein bedeutete, gewisse Informationen zu haben, zu denen die Armen keinen Zugang hatten.« Die Konzerte fanden mehr oder weniger im Geheimen stand. Die Band fiel nach ein paar Jahren auseinander, weil einige Musiker ins Exil gingen. (www. punkdeluxe.de) Die bekannteste Politpunkband aus Chile sind allerdings wohl **Fiskales ad Hok**, die der autonomen Szene nahe stehen und bereits als Vorband der **Ramones**, **Misfits** und **Faith no More** aufgetreten sind.

Punkbands aus Lateinamerika sind in der Regel hochpolitisch und stehen dem Anarchismus nahe. Vielleicht ist es die gemeinsame Erfahrung, unter einer Diktatur groß zu werden beziehungsweise in einer Gesellschaft, die das schreckliche Erbe des Terrors bis heute mit sich rumschleppt. In Europa könne man, so der Sänger der **Pinochet Boyz** »die Regierung kritisieren, deine Inkonformität zeigen und brauchst nicht mal zu arbeiten. Aber dadurch, dass der Staat diese Bewegung ›bezahlt‹, kann er sie auch einrahmen und was am schlimmsten ist, entradikalisieren.«

Es geht um soziale Ungleichheit, Aussichtslosigkeit der Jugendlichen, Protest gegen die Justiz und um rechtsradikale Todesschwadronen, die Straßenkinder jagen. In Brasilien zeigt sich die Szene auch solidarisch mit den Indigenas, der Urbevölkerung. Parteien lehnen die meisten Punks auch in Lateinamerika ab, selbst die »Trabalhadores«, die Arbeiterpartei in Brasilien, kommt schlecht weg. Die Punks vom Zuckerhut »unterstützen am ehesten die Landlosenbewegung der Movimento sem Terra oder lose Organisationen wie Schwulen- und Lesbengruppen.« (www.lateinamerikanachrichten.de/index.php?/artikel/2209.html)

Punk hat vielen Jugendlichen in Südamerika die Sprache zurückgegeben. »Nichts gegen Samba«, sagt ein Punk aus

Brasilien, »das ist die Musik des Volkes. Aber sie ist dem Kommerz unterworfen und vor allem: sie ist sprachlos. Die Reichen haben die Samba vereinnahmt und lassen sie den Armen als Zuckerbrot. Wir dagegen spüren nur allzu oft die Peitsche.« Es gibt kein Geld vom Staat und keine Arbeit. So stellen sie Fanzins her und verkaufen sie auf der Straße oder machen Straßenmusik. Auch in Brasilien ist Punk vor allem eine Angelegenheit der Jugend aus der weißen Ober- und Mittelschicht. **Ratos de Porao** (Kanalratten) aus Sao Paulo sind ein wenig die Toten Hosen Brasiliens. Die 1980 gegründete Band verdient mit ihrer Musik inzwischen gutes Geld, tourt durch Europa und ist Gast bei MTV. »Die Kellerratten. Dass ich nicht lache. Diese Wohlstandssöhnchen haben bestimmt noch nie eine Ratte gesehen!« – bei Straßenpunks sind die **Ratos de Porao** nicht wohl gelitten. In einem Land wie Brasilien müssen Punks noch mehr zusammenhalten als in Europa. Die Polizei schießt schnell, da reicht es manchmal schon, wenn man den Ausweis nicht dabei hat. »Das Leben hier ist gefährlich. Und die Polizei um einiges brutaler als eure«, sagt Baffo von der Band **Estomagos Vacios** (Leere Mägen). (www.lateinamerika-nachrichten.de/index.php?/artikel/2209.html)

»Es herrscht in Brasilien immer noch viel Armut und mangelnde Information. Der Zugang zu Bildung und medizinischer Hilfe ist schlecht, die Polizei ist brutal und repressiv und das politische System ist korrupt«, finden auch **Agrotoxico** aus Sao Paulo, eine der dienstältesten anarchistischen Punkbands in Brasilien. »Manchmal scheint es, als würde sich nie etwas ändern, aber der Glaube an diese Veränderung ist notwendig, um nie aufzuhören für eine freiere und gerechtere Gesellschaft zu kämpfen.« (www.uglypunk.de/2010/04/agrotoxico) In Lateinamerika sei die politische Punkszene vielleicht deshalb bedeutender, weil die Probleme schwerwiegender sind: »Hier müssen wir mit größeren Problemen kämpfen, die es in den reicheren Ländern auf dem Niveau nicht gibt (Armut, Korruption, Repression) und ich denke, das ist der Grund, warum lateinamerikanische Bands diese Themen nie vergessen können, denn sie sind Teil des täglichen Lebens.«

Anfang der Achtziger, als die meisten Diktaturen endlich Geschichte waren und sich linke, überwiegend sozialistische Befreiungsbewegungen wie die Sandinisten in Nicaragua über den Kontinent ausbreiteten, schossen auch Punkbands wie Pilze aus dem Boden. In Lima zum Beispiel die Anarchisten der **Guerrilla Urbana** (Stadtguerilla), aus der später **Ataque Frontal** wurden. Peru lag 1980, als die Militärdiktatur vorbei war, wirtschaftlich am Boden. Die neu gewählte Regierung verordnete dem Land ein neoliberales Wirtschaftsprogramm, das die Arbeitslosigkeit rasant ansteigen ließ, zeitweise sollen fast zwei Drittel der Arbeiter auf der Straße gestanden haben. Ein Drittel des Landes lebte in Elendsvierteln. Der maoistische Sendero Luminoso (Leuchtender Pfad) und die nach einem Inkakönig benannten, ebenfalls linken Tupac Amaru führten einen blutigen Guerillakrieg gegen den Staat, angetrieben von der Armut der indigenen Landbevölkerung. Die anarchistischen Punkbands, zu denen auch **Autopsia** und **Narcosia** gehörten, bezogen zwar deutlich Stellung für die Befreiungsbewegungen, schlugen sich aber organisatorisch auf keine Seite. **Guerilla Urbana** änderten sogar ihren Namen in **Ataque Frontal**, um nicht als Parteigänger zu gelten. **Kaos**, **Futuro Incierto** (Unsichere Zukunft), **Generacion Perdida** (Verlorene Generation) oder **Autonomia** sind weitere Anarcho-Bands aus Peru.

Barbie Killed Ken
Die Riot-Grrrl-Bewegung

Punkrock ist immer eine von Männern dominierte Subkultur gewesen. Große Ausnahme ist die Riot-Grrrl-Bewegung, die Anfang der Neunziger begann. Sie hängt eng
zusammen mit einer neuen Feminismuswelle, die ungefähr
zur selben Zeit entstand und eine andere, differenziertere
Sicht auf Patriarchat und die Unterdrückung von Frauen
hatte als ihre Vorgängerin in den Jahrzehnten zuvor, ohne
deren Errungenschaften zu verleugnen. Es gab nur keine
umfassende, allgemeingültige, feministische Idee mehr,
die auf alle Frauen in der Welt passte. »Frauen haben viele
Farben, Ethnien, Nationalitäten, Religionen und kulturelle
Backgrounds.« Die neuen Feministinnen glaubten, dass in
der Vergangenheit die Frauenbewegung den Fokus zu sehr
auf weiße Frauen aus der oberen Mittelschicht gerichtet
hatte und Schwarze Geschlechtsgenossinnen sowie jene
aus der Arbeiterklasse kaum eine theoretische und noch
weniger eine praktische Rolle spielten. Sie übernahm statt-
dessen unter anderem Elemente aus der Queer-Theorie, die
ebenfalls Anfang der 90er in den USA aufkam und nach
dem Zusammenhang fragte, in dem das Geschlecht, die
sich daraus ergebende Rolle in der Gesellschaft und die Sexualität zueinander stehen. Die sexuelle Identität ist nicht
von Natur aus gegeben und damit unveränderbar, sondern
Resultat eines gesellschaftlichen Prozesses. »Aus queerer,
nicht-identitätspolitischer Sicht ist es für eine Putzfrau
ebenso wie für eine Prostituierte möglich, Frauenrechte
innerhalb der Frauenbewegung zu fordern, auch wenn sie
nicht dem Bild einer emanzipierten, modernen Frau ent-
sprechen.« (wikipedia)

Die Themen von Grrrl-Bands sind Vergewaltigung, häusliche Gewalt, Sexualität, Abtreibungen und das Starksein von Frauen. Im Laufe der Zeit hat sich Grrrl Riot zu einer eigenen Subkultur entwickelt, mit eigenen Fanzines, Plattenlabels, einer eigenen Kunst und vor allem mit eigenen politischen Aktionen. Sie halten Treffen ab und unterstützen sich gegenseitig. Manche Punkbands der Riot-Grrrl-Bewegung stammen aus dem Queer-Umfeld, und zahlreiche Musikerinnen sind lesbisch oder bi-sexuell. Die Geschichte der Szene ist in dem 2006 entstandenen Dokumentarfilm *Don't need you: the Herstory of Riot Grrrl* nachgezeichnet.

Die Punkband **Bikini Kill** aus den USA, spielt darin eine wesentliche Rolle. 1990 gegründet, gelten **Bikini Kill** als Pionierinnen des Riot Grrrl. Gemeinsam hatten sie zuerst ein Fanzine mit demselben Namen herausgebracht, das neben *Girl Germs* (Mädchenbazillen) das erste Riot-Grrrl-Fanzine war. Sie forderten Feminismus für die Punkszene, um die männliche, weiße Tendenz im Punk zu brechen und gegen sexuelle Übergriffe während der Konzerte zu rebellieren, wenn sie pogen wollten oder einfach nur näher an die Bühne. Viele Frauen beklagten sich darüber, dass Männer sie dann begrabschten oder absichtlich ihre Klamotten zerrissen. **Bikini Kill** waren die ersten, die auf ihren Konzerten nur Frauen das Pogen erlaubten.

Ihre Texte, die sie grundsätzlich gemeinsam schrieben, waren radikal-feministisch und ihre Bühnenshow feurig. Bei ihren Konzerten forderten sie die Frauen auf, an die Bühne zu kommen und ihnen Gedichte zu geben. Ihr erstes Demo hieß bezeichnenderweise *Revolution Girl Style Now*, und Bikini Kill waren der Prototyp des revolutionären Mädchenstils. Ihre teilweise rotzige bis vulgäre Sprache war Zeichen eines neuen Frauenbilds, das die Band etablierte. Eine ihrer LPs hat den Namen *Pussy Whipped*, was so viel bedeutet, wie unter dem Pantoffel stehen. Wobei whipped auf Deutsch auspeitschen heißt ...

Während ihrer ersten Tour in Großbritannien 1993 drehte die Filmemacherin Lucy Thane den Dokumentarfilm *It changed my life: Bikini Kill in the UK*, der den Bekanntheitsgrad der Band enorm steigerte. Trotzdem mieden sie weiter große Plattenfirmen, und auch die Musikpresse des Mainstreams bekam keinen Stich. »Einige meiner besten Freundinnen sind in Bands, die bei Majorlabels sind und ich respektiere ihre Entscheidung, aber es ist nicht der Sound der Revolution«, sagte Bandmitglied Tobi Vail. (fullwiki.org) Als Teile der Medien Riot Grrrls als Thema entdeckten, rief Sängerin Kathleen Hanna die gesamte Bewegung zum »medialen Blackout« auf. Überhaupt Kathleen Hanna: Sie gehört zu den schillerndsten Figuren der Bewegung. Geboren 1968 in Portland, musste sie in ihrer Kindheit häufig umziehen. Als sie die Highschool besuchte trennten sich ihre Eltern. Ihre Mutter nahm sie schon im Alter von neun mit auf Frauendemos. »Meine Mutter war eine Hausfrau und niemand, von der andere annahmen, dass sie eine Feministin wäre«, verriet Hanna dem BUST-Magazin. Aber sie brachte ihrer Tochter genug bei, dass diese schon früh begann, aus Frauenzeitungen Fotocollagen zu machen, die aussagten: »Mädchen können alles tun.« Ihre Mutter engagierte sich in einer kirchlichen Gruppe gegen häusliche Gewalt und ging zuweilen auch auf Demos. »Es war das erste Mal«, erzählt Hanna, »dass ich jemals in einer so großen Menge war und es war das erste Mal, dass ich eine so große Menge von Frauen schreien hörte. Das sorgte wirklich dafür, dass ich das für immer tun wollte.« Als Studentin, so heißt es, hat sie als Stripperin gearbeitet um ihr Fotografie-Studium zu finanzieren. Ihre Bilder beschäftigten sich mit Sexismus und AIDS. Als die Uni eine Ausstellung von ihr zensierte, gründete sie eine feministische Kunstgalerie.

In Interviews geht Kathleen Hanna offen damit um, mit 15 Jahren einen Schwangerschaftsabbruch gehabt zu haben.

»Es war eines der ersten Dinge, die ich alleine gemacht habe.« Indem sie das öffentlich gemacht habe, hätte sie andere Frauen ermutigen wollen, ebenfalls gegen das soziale Stigma »Abtreibung« anzugehen. Im neuen Jahrtausend begann Hanna ein neues Projekt: **Le Tigre**, die mehr elektronische Elemente in ihre Musik einfließen lassen, ohne an politischer Radikalität zu verlieren.

Mit *Rebel Girl* gelang **Bikini Kill** eine Hymne der Frauenpunk-Bewegung. »Das Girl da glaubt, sie sei die Königin der Nachbarschaft, sie hat das heißeste Trike der Stadt. Das Girl da trägt den Kopf so hoch, ich glaube, ich wäre gerne ihre beste Freundin. Rebel Girl, du bist die Königin meiner Welt. Ich glaube, ich will dich mit nach Hause nehmen und deine Klamotten anprobieren. Wenn sie redet, höre ich Revolutionen. In ihren Hüften stecken Revolutionen. Wenn sie geht, kommt die Revolution. In ihrem Kuss schmecke ich die Revolution.« 1996 brachten sie ihre letzte Platte *Reject All-American* heraus, zwei Jahre später trennten sie sich. Allerdings können **Bikini Kill** für sich reklamieren, dass sie an einem großen Hit maßgeblich, wenn auch auf kuriose Weise beteiligt waren: *Smells like Teen Spirit* von **Nirvana**. Tobi Vails Deodorant soll damals »Teen Spirit« geheißen haben, woraufhin, so erzählt es die Band, Kathleen Hanna an die Wand von Kurt Cobbain sprühte: »Kurt riecht wie Teen Spirit.« Ein Grunge-Gassenhauer war geboren.

Aber auch vor **Bikini Kill** gab es bereits Frauen, die sich mit Punkbands auf die Bühne stellten und die als Urmütter der Riot Grrrls gelten. Beispielsweise die 1976 gegründete englische Band **X-Ray Spex**, deren Sängerin Poly Styrene leider unlängst gestorben ist. »X-Ray Spex waren ein wundervolles, watschelndes, musikalisches Chaos von Rebellion, Mode und Spaß. Die Hauptmuse Poly Styrene tanzte, kreischte, schrie und übersang den freudebringenden Krach

ihrer schlagkräftigen Kreissägen-und-Kecksdosen-Band.«
(fullwiki.org) Besonders auffallend: Ihre große Zahnspan-
ge. »Ich habe gesagt, dass ich kein Sexsymbol bin und
wenn mich jemand dazu machen will, dann rasiere ich mir
morgen den Kopf«, drohte sie. (fullwiki.org) Was sie später
auch tat. Sich nicht auf Äußeres reduzieren lassen, keinen
Sexismus zu dulden, war immer ein wichtiges Thema für
Frauen, die Punkrock machen. »Manche Leute glauben,
kleine Mädchen sollten gesehen werden aber nicht gehört – nun ich denke oh bondage, up yours!« heißt es am
Anfang ihres wohl größten Erfolgs *Oh Bondage, Up Yours!*
Ein Motto, dass sich die Riot Grrrls viel später wieder zu
Herzen nahmen. Poly Styrene betrachtete den Song als
einen Aufruf gegen Konsum und Kapitalismus. Mitte 1979
verließ Styrene die Band und lief wenig später zu Hare
Krishna über.

Ungefähr zur selben Zeit wie **X-Ray Spex** gründeten sich
The Slits, die überwiegend aus Frauen bestanden, die in
wechselnden Besetzungen Ari Up, Palmolive, Viv Alber-
tine, Suzy Gutsy, Kate Korus und Tessa Pollitt hießen.
Die letztes Jahr verstorbene Ari Up, die mit bürgerlichen
Namen Ariana Forster hieß, ist in München geboren und
stammte aus einer deutschen Verleger-Familie, ihr Groß-
vater war Besitzer des Nachrichtenmagazins *Der Spiegel*. Ihre
Mutter war Musikpromoterin und brachte die große, weite
Welt des Rock 'n' Roll ins Haus. »All die Rockgrößen und
Popstars schliefen bei meiner Mutter im Haus. Ich hatte
eine Millionen Stiefväter«, zitiert sie *The Telegraph*. Als sie
acht Jahre alt war, zog ihre Mutter mit ihr nach London,
sie schliefen die erste Zeit im Auto, weil sie sich keine
Wohnung leisten konnten. »In München klopfte fast jede
Nacht die Polizei an der Tür wegen der lauten Acid-Partys.
Meine Mutter hatte die Schnauze voll. Man musste schon
nach London gehen, um diesen Lebensstil zu leben.« Mit

ihrer Mutter ging sie als 14-Jährige auf Konzerte der frühen **Sex Pistols** und traf dort ihre Mitstreiterinnen. »Ich hing immer an meinen eigenen Regeln. Ich nahm keine Drogen, trank nicht.«

Schon mit dem Cover provozierten sie mächtig: Junge Musikerinnen nur mit Lendenschurz bekleidet und Dreck verschmiert. Große Poster wurden überall in der Stadt aufgehängt. Der Bürger war geschockt, und man kann annehmen, dass auch der Verleger-Großvater wenig entzückt war, was die Tochter aus gutem Hause für Grillen im Kopf hatte. »Ein Junge hat tatsächlich seinen Wagen gecrashed, als er unser Plakat sah«, erinnert sich Ari Up im *Telegraph*. »Wir machten unser eigenes Ding. Wenn wir sexy sein wollten, dann waren wir es. Aber nicht weil wir das gemacht haben, was die Magazine sagten.« Nachdem sich die Band 1981 trennte, reiste Ari Up in der Welt rum und wurde als Madusa in Dancehall-Kreisen bekannt.

In den USA gehören die 1985 in Los Angeles gegründeten **L7** zu den Vorläuferinnen der Riot Grrrls, deren Song *Shitlist* es bis in den Soundtrack des Films *Natural Born Killers* geschafft hat. 1991 rief die Band das Projekt »Rock for Choice« ins Leben, dass sich besonders für das Recht auf Abtreibung einsetzt. **L7** haben sich offiziell zwar noch nicht aufgelöst, sind aber seit vielen Jahren inaktiv.

Exkurs: Queercore-Punk

Im Queercore versammeln sich in der Punkszene schwule, lesbische, bi- und transsexuelle Gruppen. Die Texte sind nicht unbedingt direkt politisch, handeln aber immer offensiv vom Alltag als Homosexuelle in der Szene und allgemein in der Gesellschaft. »Anstelle von der Gesellschaft ausgegrenzt zu werden, wurde die Abgrenzung gegenüber den gesellschaftlichen Normen nun von den Akteuren selbst übernommen, der Stolz, anders zu sein und sich nicht dem aktuell dominierenden Normen- und Wertesystem zu unterwerfen, spiegelte die ideellen Grundideen des Punk wider und sollte Queercore als direkte Subkultur definieren.« (wikipedia)

Schon in der Frühzeit des Punks gab es homosexuelle Akteure wie die transsexuelle Wayne County mit ihrer 1977 gegründeten Band **Wayne County & The Electric Chairs**, deren Konzert 1978 in Dortmund von Rockpalast übertragen wurde. 1980 zog County, die sich bald den Vornamen Jayne gab, nach Berlin und spielte in Rosa von Praunheims *Stadt der verlorenen Seelen*. 1985 erschien ihre Biografie *Man Enough to be Woman* (Manns genug, Frau zu sein). Auch der bereits erwähnte Sänger Douglas Pierce von **Crisis** gehört dazu und last but not least Tom Robinson. Er und andere sprachen sich gegen Homophobie in der Punkszene aus. Die anarchistische Punkband **MDC** bestand nur aus Schwulen. Natürlich gab auch die Queercore-Szene eigene Fanzines raus, unter anderem *Homocore* und *Bullshit Monthly*, und veröffentliche auf eigenen Labels wie *Heartcore*.

In der Riot-Grrrl-Bewegung ist **Team Dresch** die wohl bekannteste Queercore-Band, die sich nach ihrer Frontfrau Donna Dresch benannt hat. Dresch hatte schon Anfang der Neunziger ein eigenes Fanzine, **Chainsaw**, aus dem später ein gleichnamiges Label wurde. Indem **Team Dresch** auch ihre Konzerte selbst managte, war die Band unabhängig von der Musikindustrie. In ihren Songs geht es um Homosexualität, um Homophobie und um religiöse und gesellschaftliche Intoleranz (*Hate the Christian Right!*). Aber auch um feministische Themen wie sexuelle Belästigung und Vergewaltigung. Eine Zeitlang gab eine Lehrerin für Selbstverteidigung vor Konzerten der Band den Zuschauerinnen erste

Instruktionen. **Team Dresch** gilt geschlechtsübergreifend als eine der politischsten Punkbands in den USA.

Natürlich gab es auch hierzulande frühe Punk-Mütter wie **Nina Hagen**, **X-Mal Deutschland**, **Östro 430**, die Anarcha-Punks von **Ätztussis**, **Liliput** aus der Schweiz. Die 1978 in Hannover gegründete Band Hans-A-Plast ist ein Kleinod des Deutschpunks. Bei **Hans-A-Plast** spielten zwar immer auch Männer mit, aber die feministische Ausrichtung war in vielen Liedern deutlich zu hören. »Mit feministischen Titeln wie *Für 'ne Frau* oder *Hau ab, du stinkst* sprach die Gruppe auch Leute außerhalb der Punkszene an. Aufgrund des Erfolgs wurde der Gruppe von einigen Punks vorgeworfen, ›kommerziell und etabliert‹ zu sein.« (wikipedia) Bei den Texten der Band schwer zu glauben. In *Für 'ne Frau* heißt es: »Du bist so gut im Kinderkriegen, du bist so gut im Tütenschleppen, du bist so gut im Hinterwackeln, du kannst auf hohen Schuhen gehen. Wie hast du das gemacht? Mann, hast du viel Kraft! Wie hast du geschafft? Hast du keine Angst? Wie hast du das geschafft? Wer hat dir das beigebracht? Da sagt der Typ als Kompliment: Für 'ne Frau, für 'ne Frau gut.«

Die Riot-Grrrl-Bewegung konnte in Europa nie ganz dieselbe politische Bedeutung erlangen wie in den USA. In Deutschland sorgten **Die Braut haut ins Auge**, die **Lemonbabies** oder **Parole Trixi** für ein wenig Furore. Als Letztere mit den beiden Frauenbands **Schlampen ficken besser** und **TGV** in Wien ein Konzert gaben, schrieb der Veranstalter in der Vorankündigung: »Die drei Lady-Bands sind ja seit jeher nicht zimperlich gewesen, wenn es darum ging, tückische Wahrheiten lauthals rauszuschleudern: Girls got Angst, Girls got boys, Girls got Essstörungen, Girls got langweilige Jobs, Girls got too much love to give to, Girls got Klischees satt.« Politischen Anspruch verbreitete die Kölner Queercore Band **Low-End Models**.

Es bleibt dabei: Auch im neuen Jahrtausend punken sich Frauenbands über die Bühnen, vielleicht segeln sie nicht mehr unbedingt unter der Riot-Grrrl-Flagge, aber sie sind rotzig und frech wie eh und je. **The Casual Dots, Spider and the Webs** sind neue Projekte alter Riot-Grrrl-Aktivistinnen. **The Donnas** spielen schon seit Anfang der Neunziger und dürften inzwischen einer der dienstältesten Frauenpunkbands sein. Frische Bands wie **The Butchies**, **The Need, Barbie Killed Ken** und **Wage of Sin** sind dazu gekommen oder auch **The Lulabelles** aus Rotterdam und **Beyond Pink** aus Schweden. Nachdem sich **Die Parasiten** 2010 aufgelöst haben, gehören **Lili, The Boonaraaas** und **The StattMatratzen** im Moment zu den angesagtesten Frauenpunkbands in Deutschland und wer sie hört, muss Kurt Cobbain von Nirvana Recht geben, der mal sagte: »Die Zukunft des Rock gehört den Frauen.« Die des Punks sowieso.

Ausgewählte Diskographie

The Adicts; This is your life!; Fall Out Records, 1984

The Adverts; Crossing the Red Sea with the Adverts; Bright Records, 1978, BRL201

The Annoyed; Propaganda und alte Werte; Freibeuter Records; 1998

Anti-Flag; For Blood and Empire; RCA Records, 2006

Aus-Rotten; The Rotten Agenda; Rotten Propaganda Records, 2001

Babes in Toyland; Fontanelle, Reprise Records, 1992

Banda Bassotti; Avanzo de Cantieri; Rude Records; 2011

BBQ Chickens; Indie Rock strikes back; Pizza of Death, 2001

Bikini Kill; Reject all American; Kill Rock Stars; 1996

Black Flag; My War; SST, 1986

The Boonaraaas; 5 Steps Ahead; Sounds of Subterrania; 2007

Bratmobile; Ladies, Women and Girls; Lookout! Records, 2000

Brezhnev; North America Sucks; Vitaminepillen Records; 1998

BRD Punkterror Vol. I-V; Nasty Vinyl; ab 1998

Brygada Kryzys; Live; Fresh Records, 1982

... But Alive; Für uns nicht; B.A. Records; 1993

Buzzcocks; Another Music in a Different Kitchen; United Artists, 1978

Carburetor Dung; Smash Capitalism: we are everywhere; Rice-cooker Recordings, 2003

Chaos UK; Live in Japan; Cargo, 1991

The Clash; The Clash, CBS; 1977

Cock Sparrer; Running Riot in '84, Syndicate, 1984

Commandantes; Lieder für die Arbeiterklasse; Mad Butcher Records; 2004

Conflict; The ungovernable Force, Mortarhate Records, 1986

Crass; Penis Envy; Crass Records, 1981

Crucifucks; Our Will Be Done; Alternative Tentacles; 1995

Cypher in the Snow; Blow Away the Glitter Diamonds From the Crown; Candy Ass Records; 1997

Dead Kennedys; Fresh Fruit for Rotting Vegetables; Alternative Tentacles, 1980

Dead Shepherd; Schlafstörung; Schafe Records; 2008

DIRT; Never mind DIRT here's the Bullocks; Crass Records; 1982

Discharge; Grave New World; Clay Records; 1986

D.O.A.; Hardcore '81; Sudden Death Records; 1981

Dödelhaie; Die Beschissenen Jahre; Impact Records; 2001

Dritte Wahl; 20 Jahre – 20 Songs (live); Rausch Records; 2009

Dystopia; Dystopia; Life is Abuse; 2008

The Ex; Pokkeherrie; Pokabilly; 1985

Fahnenflucht; Wer Wind sät...; Outrock-Records; 2006

Fleas and Lice; Early Years; Rodent Popsicle Records; 2005

Flux of Pink Indians; The Fucking Cunts Treat Us Like Pricks; Spiderleg Records; 1984

Freiboiter; Riot Radio; Knock-Out Records; 2008

Frei Schnauze!; Hunger;NMD; 2011

Freygang; Steil und Geil; Buschfunk; 1996; B004VT8K94

Funeral Dresses (Belgien); Party Political Bullshit; SOS Records; 2000

Hass; Allesfresser; Hass Produktion; 1992

De Heideroosjes; Fifi; Play it again Sam; 1986

Jesus Skins; Unser Kreuz braucht keine Haken; Impact Records;

De Kift; Yverzucht; Red Wig; 2009

Kortatu; Kortatu; Sonua; 1985

Kronstadt Uprising; Insurrection; Overground Records; 2000; OVER 85VPCD

KUKL; The Eye; Crass Records; 1984

L'Attentat; Made in GDR; X-Mist; 1987; XM006

La Mano Negra; Patchanka; Virgin France; 1988

Leftöver Crack; Fuck World Trade; Alternative Tentacles; 2004

LiveonRelease; Seeing Red ; Her Royal Majesty's Records; 2002

Los Saicos; Saicos; Repsychled Records; 2006

Lunachicks; Babysitters on Acid; Blast First; 1990

Male; Zensur & Zensur; Teenage Records; 2003

MDC (Millions of Dead Cops); Hey Cop, If I Had A Face Like Yours: Millions Of Dead Cops; Radical Records; 1991

Molotow Soda; Die Todgeweihten grüßen Euch; 1991

Müllstation; Anschlag; Impact Records; 2005

Nacked Aggression; The Gut Wringing Machine; Cargo Records; 1998

The Need; The Need is Dead; Chainsaw; 2000

New York Dolls; New York Dolls; Mercury; 1973

Oi Polloi; Unite and Win; Oi! Records; 1987

Die Parasiten; Watt fott es, es fott; D.I.Y.; 2008

Poison Girls; All Systems Go!; Crass Records; 1981

Police Bastard; Traumatized; Plastic Bomb Records; 1996

The Proletariat; Indifference; Homestead Records, 1985

Propaghandi; Potemkin City Limits; G7 Welcoming Committee Records; 2005

Ramones; It's Alive; Sire; 1979

Rashit; Adam Olmak Istemiyorum; Ada Muzik; 2003

Ratos do Porao; Anarkophobia; Roadrunner; 1991

Rawside; Staatsgewalt; Impact Records; 2006

Razzia; Tag ohne Schatten; Impact Records; Weird System; 1983

Reagan Youth; Live & Rare; LoveCat Music; 1998

Riot 111; Subversive Radicals; 1982

Rollins Band ; Come In and Burn; Dreamswork SKG;1997

Rudimentary Peni; Catastrophe (live); Rotten; 1982

Sex Pistols; Never mind the Bollocks – Here's the Sex Pistols; Virgin; 1977

Schleimkeim; Abfallprodukte der Gesellschaft; Nasty Vinyl; 1992

Sham 69; That's Life; Polydor; 1978

Die Skeptiker; Sauerei; Rough Trade Records; 1991

Sleater-Kinney ; Dig Me Out; Kill Rock Stars ; 1997

Slime; Yankees raus, Aggressive Rock Produktionen; 1982

The Slits; Cut; Island Records, 1979

The Stalin; For Never – Last Live; Tokuma Onkou; 1985

The Stattmatratzen; Egoshooter, Aggressive Punk Produktionen; 2011

Stiff Little Fingers; Inflammable Material; Rough Trade; 1979

Team Dresch; Captain My Captain; Candy Ass Records; 1995

Toxic Narcotic; We're All Doomed; Go-Kart Records; 2002

Uit de Sloot; En Snel Een Beetje; Ouwe Kooie Plate; 2011

Vorkriegsjugend; Wir sind die Ratten...; Destiny Records; 2003

Wilde Zeiten; Aufgeräumt wird später; Impact Records; 2008

WIZO; Für'n Arsch; Hulk Räckorz; 1991

X-Ray Spex; Germ Free Adolescents; EMI; 1978

Zerfall; 25 Jahre Zerfall; Rotten Totten Records; 2008

unrast transparent

soziale krise

Peter Nowak
Zahltag
Zwang und Widerstand: Erwerbslose in Hartz IV
978-3-89771-103-7 | 80 Seiten | 7.80 Euro

Andrej Holm
Wir Bleiben Alle!
Gentrifizierung – Städtische Konflikte
um Aufwertung und Verdrängung
987-3-89771-106-8 | 80 Seiten | 7.80 Euro

Andreas Förster & Holger Marcks (Hg.)
Knecht zweier Herren
Zur Abschaffung der Leiharbeit
978-3-89771-112-9 | ca. 80 Seiten | 7.80 Euro

unrast transparent

linker alltag

Gabriel Kuhn
Straight Edge
Geschichte und Politik einer Bewegung
978-3-89771-108-2 | 80 Seiten | 7.80 Euro

Gerrit Hoekman
Pogo, Punk und Politik
978-3-89771-111-2 | 80 Seiten | 7.80 Euro

UNRAST Verlag | Postfach 8020 | 48043 Münster
www.unrast-verlag.de | E-Mail: info@unrast-verlag.de

unrast transparent

rechter rand

Andreas Kemper
(r)echte Kerle
Zur Kumpanei der MännerRECHTSbewegung
ISBN 978-3-89771-104-4 | 72 Seiten | 7.80 Euro

Jörg Kronauer
»Schlesien bleibt unser!«
Ein kritischer Überblick aus antifaschistischer Sicht
Vertriebenenverbände und die extreme Rechtet
ISBN 978-3-89771-100-6 | 80 Seiten | 7.80 Euro

Jürgen Peters & Christoph Schulze (Hg.)
»Autonome Nationalisten«
Die Modernisierung neofaschistischer Jugendkultur
ISBN 978-3-89771-101-3 | 72 Seiten | 7.80 Euro

Bernhard Schmid
Die Neue Rechte in Frankreich
ISBN 978-3-89771-102-0 | 72 Seiten | 7.80 Euro

Felix Krebs & Jörg Kronauer
Studentenverbindungen in Deutschland
Ein kritischer Überblick aus antifaschistischer Sicht
ISBN 978-3-89771-107-5 | 80 Seiten | 7.80 Euro

Christoph Schulze & Ella Weber (Hg.)
Kämpfe um Raumhoheit
Rechte Gewalt, »No Go Areas«
und »National befreite Zonen«
ISBN 978-3-89771-109-9 | 72 Seiten | 7.80 Euro

UNRAST Verlag | Postfach 8020 | 48043 Münster
www.unrast-verlag.de | E-Mail: info@unrast-verlag.de